JAKOB LORBER
SCHRIFTTEXTERKLÄRUNGEN

JAKOB LORBER

SCHRIFTTEXT-ERKLÄRUNGEN

BIBELTEXTE UND IHR GEHEIMER SINN

FÜNFTE AUFLAGE 1985

LORBER-VERLAG · 7120 BIETIGHEIM

Gesamtherstellung:
Verlagsdruckerei Otto W. Zluhan, Bietigheim
ISBN 3-87495-156-1

Vorwort

Zu allen Zeiten gab es reine, gottergebene Menschen, die die Stimme Gottes in ihrem Herzen hörten. Wir alle kennen die vielen Stellen im Alten Testament, in denen der Prophet spricht: „Und das Wort des Herrn geschah zu mir.“ Auch das Neue Testament bietet vieles, das seine Entstehung einer inneren Offenbarung verdankt, so die „Offenbarung Johannis“. Im nachapostolischen Zeitalter legten Kirchenväter wie Hieronymus und Augustin, später die Mystiker des Mittelalters, Bernhard von Clairvaux, Tauler, Suso und Thomas a Kempis und andere, großen Wert auf die innere Offenbarung. Jakob Böhme (um 1600) und Emanuel Swedenborg (um 1700) schrieben auf Grund von Gesichten und Intuitionen, — man kann sie nicht als Propheten im eigentlichen Sinne bezeichnen, da sie nicht das Innere Wort besaßen. Echte Hörer des Inneren Wortes waren dagegen der Straßburger Kaufmann Rulmann Merswin, der um 1350 die „Neun Felsen“ schrieb, der norddeutsche Superintendent J. W. Petersen um 1700, Schreiber der „Tausend Öffnungen des Geistes“ und Johannes Tennhardt in Nürnberg, der 1712 sogar eine „Unterweisung vom Innern Worte Gottes“ herausgab.

Aber weit bedeutsamer als die Schriften der zuletzt genannten drei erleuchteten Gottesmänner sind die Offenbarungen, die uns heutigen Menschen durch den steirischen Seher und Propheten Jakob Lorber gegeben wurden. Durch diesen einfachen und seelenreinen Mann hat Gott in den Jahren 1840—1864 der Menschheit eine allumfassende, die Heilige Schrift ergänzende, bestätigende und auslegende Neuoffenbarung seines göttlichen Willens, seines ewigen Weltenplanes, seiner Ziele mit den Menschen und seiner allumfassenden Liebeslehre gegeben.

Jakob Lorber (1800—1864) stammte aus der Untersteiermark und hatte sich nach seiner Ausbildung als Lehrer und vielseitiger Musiker in der Landeshauptstadt Graz niedergelassen, wo er Musikunterricht erteilte, gelegentlich auch Konzerte gab und komponierte. Dabei bewahrte ihn die herzliche Freundschaft mit den Familien von Anselm Hüttenbrenner (dem Vorstand des Grazer Musikkonservatoriums) und dessen Bruder Andreas Hüttenbrenner (dem langjährigen Bürgermeister von Graz) besonders in den späteren Jahren nicht immer vor den Erfahrungen bitterer materieller Not. Denn trotz seiner vielen Fähigkeiten konnte Lorber keine sichere Anstellung finden, bis ihm durch Vermittlung Anselm Hüttenbrenners die Stelle eines zweiten Kapellmeisters am Triestiner Operntheater angetragen wurde, die anzunehmen er sich entschloß.

Doch während seiner Reisevorbereitungen befahl ihm eine innere Stimme, die er am frühen Morgen des 15. März 1840 während seines Morgengebetes wie im Herzen deutlich hörte: „Steh auf, nimm deinen Griffel und schreibe!“ Tief erschrocken setzte sich Lorber an den Tisch, legte Papier und Feder zurecht und empfing nun in der gleichen Art den Beginn der „Haushaltung Gottes“: „So spricht der Herr zu und in mir für jedermann, und das ist wahr und getreu und gewiß ...“.

Seine nächsten Freunde, denen er dieses außerordentliche Ereignis anvertraute, waren darüber im höchsten Grad erstaunt, ja im ersten Augenblick um den Geisteszustand des von ihnen wertgehaltenen Mannes ernstlich besorgt.

Oft wohnte nun einer oder der andere der Eingeweihten, die durch die Weisheit des von Lorber Niedergeschriebenen bald eines Besseren belehrt wurden, seiner mysteriösen Schreibtätigkeit als Zeuge bei.

Lorber saß dabei ruhig an seinem Tischchen, hatte weder ein Buch noch ein anderes Hilfsmittel an seiner Seite und führte, ganz in sich gekehrt, mäßig schnell, aber ohne eine Pause des Nachdenkens zu machen oder am Geschriebenen etwas zu verbessern, die Feder, vollkommen wie jemand, dem von einem andern etwas diktiert wird.

Hören wir, was er über diese innere Stimme unterm 16. Mai 1858 einem Freund auf dessen Anfrage mitteilt: „Bezüglich des inneren Wortes, wie man dasselbe vernimmt, kann ich als von mir selbst sprechend wenig oder nicht viel sagen als nur, daß ich des Herrn heiligstes Wort stets in der Gegend des Herzens wie einen höchst klar ausgesprochenen Gedanken licht und rein wie ausgesprochene Worte vernehme. Niemand, mir noch so nahe stehend, kann etwas von irgendeiner Stimme vernehmen; für mich aber erklingt diese Gnadenstimme dennoch heller als jeder noch so laute materielle Ton."

Noch leichter diktierte er das innerlich Vernommene. Dabei saß er neben dem Schreibenden, ruhig vor sich hinschauend und nie in seinem gleichmäßigen Redefluß stockend; und wenn sein Diktieren unerwartet für längere Zeit unterbrochen wurde, so vermochte er, ohne das bereits Geschriebene näher nachzulesen, sogleich wieder beim letztgeschriebenen Wort beginnend, im richtigen Zusammenhang fortzufahren.

Dieser Berufung zum „Schreibknecht Gottes" opferte Jakob Lorber in unerschütterlicher Treue sein weiteres Leben auf, bis zu seinem Heimgang am 23. August 1864.

Von den umfangreichen Werken Jakob Lorbers sind das zehnbändige Johanneswerk und die „Haushaltung Gottes" die umfangreichsten und wohl auch die bedeutendsten; aber nicht minder wichtig dürften den meisten Lesern die Werke über das Jenseits sein. Die hauptsächlichsten unter diesen sind „Bischof Martin" (1 Band), „Von der Hölle bis zum Himmel" (2 Bände) und „Die geistige Sonne" (2 Bände).

Als Anhang oder „Nacherinnerungen" zum zweiten Band des Werkes „Die geistige Sonne" schrieb Jakob Lorber eine Reihe von bedeutsamen Erklärungen von Bibeltexten nieder, die hier unter dem Titel „Schrifttexterklärungen — Bibeltexte und ihr geheimer Sinn" vorliegen.

Der Verlag

1. Kapitel

Eine gute Regel zum nutzbringenden Lesen des Alten und Neuen Wortes.

Am 20. Dezember 1843 abends

1] Meine lieben Kinder! Mit diesen folgenden ‚Nacherinnerungen' will Ich euch eine gar wichtige und nützliche Regel geben, ohne die ihr euch durch die Lesung was immer für geistiger guter Bücher keinen Nutzen verschaffen könnet. Ihr möget die Heilige Schrift, wie auch dieses Neue Wort tausendmal nacheinander durchlesen, so werdet ihr aber dennoch ohne diese Regel stets auf dem alten Flecke stehenbleiben.

2] Ihr habt euch durch das öftere Lesen wohl euer Gedächtnis so recht gepfropft voll angestopft; fraget aber euren Geist, was er davon gewonnen hat, und seine stumpfe Antwort wird also lauten:

3] „Ich bin wohl chaotisch von allerlei Baumaterialien umlagert, und da liegen Balken und Steine bergartig übereinander; aber aus allen diesen Baumaterialien ist noch nicht einmal irgendeine schlechte Keusche[1] erbaut, in der ich frei zu wohnen vermöchte. Ihr häufet zwar das Baumaterial fortwährend auf — lauter Edelsteine und das schönste Zedernholz liegt in plumpen Haufen vor mir —, und ich vermag es nicht zu ordnen. Und habe ich hier und da auch irgend angefangen, eine kleine Ordnung herzustellen, da führt ihr schon wieder eine kolossale Menge neuen Materials dazu, so daß ich notwendig in meiner Tätigkeit ermüden muß und am Ende beim Anblick der Größe des zu ordnenden Materials erschaudere und mit

[1] ‚Keusche' ist der österreichische Ausdruck für ‚Hütte'.

Wehmut denke, wann doch einmal all dieses Material zu einer Wohnung wird geordnet werden können."

4] Sehet, das ist eine ganz gründliche Antwort des Geistes, die ein jeder Mensch, der irgend viel gelesen hat, in sich selbst auf das allerklarste finden muß.

5] Wenn so jemand sein Leben hindurch ein paar tausend Bücher durchgelesen hat, welch ein Chaos hat er am Ende in seinem Gedächtnisse! Und wenn es gut geht, so wird er nach einer solchen reichhaltigen Belesenheit mit genauer Not so viel hervorbringen, daß er jetzt erst einsieht, daß er nichts weiß.

6] Was aber ist dieses Geständnis? Es ist nichts anderes als eine und dieselbe wehmütige Klage des Geistes, der dadurch das sagen will, daß er bei dieser ungeheuren Menge des Baumaterials nicht einmal eine allerschlechteste Keusche zur freien Wohnung erbaut überkam!

7] Also gibt es Menschen, die das Alte und Neue Testament von Wort zu Wort auswendig kennen; fraget sie aber um den inneren Sinn nur eines einzigen Verses, so werden sie da geradesoviel wissen wie diejenigen, die nicht einen einzigen Vers auswendig können, ja oft kaum wissen, daß da eine Heilige Schrift existiert. Was nützt also denen dieses herrliche Material?

8] Der Geist wohnt nur im Geistigen: Kann ihm aus diesem Material nicht einmal eine schlechte Keusche erbaut werden im inneren Geiste der Wahrheit, wo soll er dann wohnen, wo seine Rechnung führen, und von welchem Punkte aus soll er das Material zu ordnen anfangen?

9] Ist es denn nicht besser, *weniger* Material zu besitzen, aus demselben aber für den Geist sogleich eine kleine respektable Wohnung zu erbauen, damit der

Geist dann einen festen und freien Platz bekommt, von welchem aus er seine nächsten Pläne machen kann und verwenden nach denselben ein neu anlangendes Material?

10] Was wird ein Acker wohl für ein Gesicht bekommen, wenn er auch das beste Erdreich ist, so ihr tausenderlei Samen, in der größten Unordnung durcheinandergemengt, zu gleicher Zeit auf denselben aussät? Die Samen werden richtig aufgehen; aber zu welchem Nutzen für den Sämann? Fürwahr, der Ertrag dieses Ackers wird kaum für eine schlechte Fütterung des Viehes taugen. Die stärkeren Pflanzen werden die schwächeren ersticken, das Unkraut wird wuchern, und das Weizenkorn wird nur hier und da sparsam und sehr verkümmert und brandig zum Vorschein kommen.

11] Aus diesem aber geht hervor, daß überall, wo für euch ein Nutzen heraussehen soll, eine Ordnung bewerkstelligt sein muß, ohne die ihr Dornen, Disteln, Kraut und Rüben durcheinanderbaut, was euch nimmer irgend nützen kann.

12] Worin aber besteht diese Ordnung?

13] Wenn ihr einen geläuterten Weizen habt, so säet ihn auf einen reinen und guten Acker, und ihr werdet eine reine und gute Ernte bekommen.

14] Wer da eine gute Baustelle hat und hat Material dazu, der warte nicht, bis er eher[1] einen überflüssigen Haufen Baumaterial zusammenbekommen hat, bis er dann erst sein Haus zu bauen anfangen möchte; denn er wird sich mit dem großen Haufen Baumaterial am Ende den ganzen Bauplatz voll anführen[2].

15] Und so dann der Baumeister kommen wird und

[1] erst; [2] anfüllen.

wird ihn fragen: „Freund, an welcher Stelle willst du denn das Haus aufgeführt haben?“, was wird er ihm dann entgegnen? Sicher nichts anderes als: „Allda, Freund, wo der große Haufen des Baumaterials liegt!“

16] Und der Baumeister wird zu ihm sagen: „Warum ließest du denn dieses Material auf dem Bauplatze zuvor aufhäufen, bevor wir den Plan gemacht und den Grund gegraben haben? Willst du nun das Haus auf dieser Stelle haben, so mußt du all dieses Material eher[1] zur Seite schaffen und mußt den Platz ganz frei machen. Dann erst werde ich kommen, werde den Platz ausmessen, den Plan entwerfen, danach den Grund graben lassen und am Ende erst das Material prüfen, ob es durchaus zur Erbauung deines Hauses taugt.“

17] Sehet, aus diesem Gleichnis könnt ihr schon ziemlich klar entnehmen, wie wenig jemandem eine große Belesenheit nützt, wenn er mit derselben nicht in der wahren Ordnung fortschreitet.

18] Worin aber besteht diese wahre Ordnung? Diese wahre Ordnung besteht ganz einfach darin, daß ein jeder eine jede neue Ladung oder Überkommung des Materials alsogleich zu einem Wohngebäude zu ordnen anfängt und nicht eher nach einer zweiten Ladung greift, als bis er die erste verarbeitet hat. Auf diese Weise wird er in seinem Bau rasch vorwärtsschreiten und wird um denselben immer genug freien Raum haben, auf welchem er in guter Ordnung ein hinlängliches neues Baumaterial aufschichten kann.

19] Auf deutsch und ganz verständlich gesagt aber besteht diese Ordnung darin, daß *jeder nach dem Gelesenen sogleich tätig werde und sein Leben danach*

[1] zuvor.

einrichte, — so wird ihm das Gelesene nützen, im Gegenteil aber schaden; denn jeder sei nicht nur ein purer Hörer des Wortes, sondern ein Täter desselben!

20] Nächstens der Erinnerungen mehr!

2. KAPITEL

Ein Einwand und seine Widerlegung.

Am 21. Dezember 1843 abends

1] Es wird zwar jemand hier sagen: „Solches ist ganz richtig, daß man nur durch ein tatsächliches Lesen[1] die wahre Frucht des Lesens ernten kann; aber wenn jemandem so viel Material gegeben wird, so kann man es ja doch des Tuns wegen beiseite stellen und davon nur so viel lesen, wovon man überzeugt ist, daß man es in die Tätigkeit aufnehmen kann.

2] Man bedenke nur die große Masse des Gegebenen in der Heiligen Schrift des Alten wie des Neuen Testaments, daneben die übergroße Masse wahrhaft geistig-exegetischer[2] Bücher! Wenn man alles das nur nach dem Grade der Tätigkeit lesen würde, fürwahr, da möchte man wohl sein ganzes Leben hindurch im höchsten Falle kaum mit ein paar Kapiteln fertig werden."

3] Ich aber sage: Die Sache von diesem Standpunkte betrachtet, hat der Einwender freilich wohl recht; denn wenn man nur so viel und nicht mehr lesen möchte, als von wieviel man umständlich überzeugt ist, es tatsächlich auszuüben, dann freilich wären noch ein paar Kapitel zuviel! Aber diese Sache von einem andern Standpunkte aus betrachtet, wird des ge-

[1] Tätigwerden danach; [2] geistig-erklärender.

gebenen Materials nie zuviel, und der Leser kann alles Gelesene alsogleich in die Tatsächlichkeit umwandeln.

4] Denn man könnte ja auch beispielsweise sagen: So irgendein Landmann im Besitz eines großen Stückes guterdigen Ackers ist, der ihm eine hundertfältige Ernte abwirft, warum besät er den ganzen Acker nicht? Ein Zehntel desselben trägt ja so viel, was der Landmann für seinen Bedarf vonnöten hat.

5] Ich frage aber: Wenn dieser Landmann den ganzen Acker besät mit gutem Korn, und der Acker bringt ihm hundertfältige Ernte, davon ein Zehntel zu seinem Unterhalt genügt, werden ihm darum die überflüssigen neun Zehnteile zum Schaden sein? O sicher nicht! Denn die Hälfte von dem Überfluß kann er an Dürftige verteilen, die ihm dafür überaus dankbar sein werden, und die andere Hälfte des Überflusses kann er auf den Markt bringen. Und da es ein gutes Getreide ist, so wird er viele Käufer finden, die es ihm um vorteilhafte Preise abnehmen werden, und er kann dann mit dem gewonnenen Gelde sein anderes Hauswesen bestellen und wird dadurch ein ansehnlicher und reicher Landmann werden.

6] Nun sehet, aus diesem Beispiel geht klar hervor, daß so jemand in sich einen guten Acker hat und hat dazu des guten Samens in großer Menge, da soll er in der Aussaat nicht sparsam sein. Denn wer reichlich sät, der wird auch reichlich ernten; wer aber sparsam sät, der wird sparsam ernten! Und was braucht es denn dazu? Wenn einmal nur das Erdreich des Ackers gut bearbeitet ist, so möget ihr auf demselben noch soviel guten Kornes aussäen, und es wird dennoch kein Korn zugrunde gehen in dem guten Erdreiche, sondern ein jedes Korn wird seinen reichlichen Halm schießen.

7] Also ist es auch in dieser Sache, was eben durch das Lesen die geistige Aussaat des Wortes betrifft.

8] Zur Bearbeitung des geistigen Bodens braucht der Mensch nicht mehr als die zwei Gebote der Liebe; mit diesen bearbeitet er gar leicht seinen geistigen Acker. Ist dieser bearbeitet, dann kann jeder soviel in desselben Erdreich säen, als er nur immer kann und mag; oder er kann soviel des guten Gegebenen lesen, als er nur irgend desselben sich in gerechter Menge verschaffen kann — die ganze Heilige Schrift und alle auf dieselbe Bezug habenden Erklärungen —, und er wird nichts aus allem dem in sich aufnehmen, was ihm nicht eine reichliche Ernte abgeben sollte.

9] Denn der Unterschied zwischen dem unfruchtbaren und dem fruchtbaren Lesen besteht in dem:

10] So jemand zum Beispiel sich durch das alleinige Lesen möchte bearbeiten und erwecken, so gleicht dieses Unternehmen gerade dem, als so da jemand möchte auf einem unbearbeiteten Acker, der weder gedüngt noch gepflügt ist, den Samen ausstreuen. Werden da nicht alsbald die Vögel aus der Luft kommen und denselben in kurzer Zeit zum großen Teile auffressen? Und wird ein geringer Teil, der unter das Unkraut des Ackers fiel, nicht alsbald von diesem erstickt werden, auf daß da am Ende zur Zeit der Ernte auch nicht ein Korn in einen Halm geschossen irgendwo zu erblicken sein wird?

11] Da aber der Sämann oder der Leser keine Ernte seiner Mühe erblickt, wird er da nicht mißmutig und verwünscht endlich den Acker und all das gesäte Korn, das ihm zu keiner Ernte ward?!

12] Auf deutsch gesagt: Solche Menschen werden dann ungläubig, fallen von der ganzen guten Sache ab und halten sie am Ende für einen puren Betrug.

13] Aber ganz anders ist es, so da jemand früher[1] durch die wahre Liebe zu Mir und dem Nächsten seinen Geist lebendig oder vielmehr aus Mir heraus frei gemacht hat und hat eben dadurch seinen Acker gehörig gedüngt und gepflügt; der liest dann die Schriften Meiner Gnade und Erbarmung nicht, damit diese ihn zu einem guten Acker erst bearbeiten sollen, sondern er liest sie aus dem Grunde, um Mich, der Ich in ihm den Geist durch seine Liebe zu Mir erweckt habe, fortwährend von Angesicht zu Angesicht mehr und mehr zu beschauen und dadurch auch möglicherweise stets mehr und mehr zu wachsen in der Liebe zu Mir und daraus zum Nächsten.

14] Wird er in diesem Falle nicht jedes Wort von Mir lebendig finden und ewig wahr, so er in sich selbst vorher schon lebendig ist? Ist er aber nicht vorher in sich selbst lebendig, wird da nicht selbst das lebendigste Wort in ihm ertötet werden?

15] Werfet Goldstücke in eine stinkende Pfütze, und das grobe schweflige Salz der Pfütze wird die Goldstücke auflösen und sie ebenfalls in schmutzigen Schlamm verwandeln. Werfet aber im Gegenteil unedlere Metalle in eine echte Goldtinktur, so werden sie alle am Ende dem edlen Golde gleich werden.

16] Seht, also ist es auch gerade hier der Fall! Durch das Lesen Meines Wortes, wie durch das Anhören desselben kann ein jeder Mensch für sich und für seine Brüder einen unermeßlichen Gewinn überkommen, wenn er sich selbst zuvor durch die Beachtung der zwei Gesetze zu einer Goldtinktur umgewandelt hat. Wenn er aber noch eine Pfütze ist, da werden noch soviele in dieselbe geworfene Goldstücke sie (die

[1] vorher.

Pfütze nämlich) sicher nicht zu einer Goldtinktur machen.

17] So heißt es ja auch: „Wer da hat, dem wird's gegeben werden, daß er in der Fülle habe; wer aber nicht hat, der wird aber auch noch verlieren, was er hat[1]!" Unter ‚haben' wird hier verstanden: im Besitze eines guten, gedüngten und gepflügten Ackers sein oder in sich selbst sein ein vollkommenes Gefäß, voll der echten wahren Goldtinktur, welche da ist ein freier, lebendiger Geist. Unter ‚nicht haben' aber wird verstanden: einen Samen auf ein unbearbeitetes Feld streuen, wodurch der Sämann nicht nur keine Ernte zu erwarten hat, sondern er verliert auch den Samen, den er ausgestreut hat; oder es heißt auch: in sich eine grobschwefelsalzhaltige Pfütze sein, welche nicht nur nimmer zu einer Goldtinktur durch das hineingeworfene Gold umgewandelt werden kann, sondern es geht das Gold, das hineingeworfen wurde, noch obendrein verloren.

18] Ich meine, das dürfte doch so ziemlich klar sein! Wer beim Lichte dieser Fackel die Wahrheit noch nicht ersieht, der dürfte wohl schwerlich je von seinem Augenstare befreit werden. Da aber, wie schon gesagt, der blinde Mensch des Lichtes nie zuviel hat, so will Ich auch bei der Gabe dieser Sonne noch gegen das Ende das Licht aller Zentralsonnen auf einen Punkt zusammenziehen, damit sich in solchem allerheftigsten Lichte um so klarer wird entnehmen lassen, wer da im Ernste ganz vollkommen blind ist! — Nächstens darum solcher Nacherinnerungen mehr!

---

[1] Matth. 13, 12.

3. KAPITEL

Das Gleichnis vom klugen und unklugen Bauherrn und seine Deutung. (Matthäus 7, 24—27)

Am 22. Dezember 1843 abends

1] Im Neuen Testament leset ihr ein Gleichnis folgenden Inhalts von einem klugen und wieder von einem unklugen Bauführer: Der eine baute sein Haus auf einen Felsen und der andere auf lockeren Sand. Und ein Sturmwind kam, und ein Platzregen fiel. Das Haus auf dem Felsen trotzte beiden; aber das Haus auf dem Sande ward zugrunde gerichtet.

2] Wer dieses Gleichnis nur von fernehin betrachtet, der muß ja auf der Stelle zwei Zentralsonnen auf einen Blick erschauen.

3] Wem gleicht denn wohl der kluge Bauführer? — Sicher demjenigen, der sich früher durch die bekannten zwei Gebote vollkommen fest gestellt hat. Und wenn dann die Stürme und die gewaltigen Regen kommen, so können sie dem Bauführer nicht nur nichts anhaben, sondern sie befestigen sogar sein Haus auf dem Felsen; denn die Winde trocknen das Gemäuer des Hauses recht aus und machen es durstig nach einer Befeuchtung. Kommt dann der Regen, so saugt er sich in die trockenen Wände des Hauses ein, löst hier und da an den Fugen die Teilchen auf, diese werden klebrig und verbinden bei öfterer Wiederholung solcher Szene das Mauerwerk immer fester und fester miteinander.

4] Naturmäßige Beispiele dieser Wahrheit findet ihr an jeder alten Burgruine, welche oft Jahrhunderten trotzt; und wenn sie etwa irgend abgerissen werden sollte, da bricht man leichter ein frisches Gestein als ein solches Gemäuer ab. Die Ursache davon ist der Regen, der durch seine auflösende Kraft gewisse Teile des Steines in eine kalkig-klebrige Masse verwandelt und dadurch das ganze Mauerwerk mit der Zeit zu einem Ganzen verbindet.

5] Und seht, also steht es auch mit einem durch die Gesetze der Liebe geweckten Menschen! Er ist ein Gebäude auf einem Felsen. Die Winde, die da kommen und ans Gebäude stoßen und dasselbe trocken und durstig machen, sind die edlen Begierden, stets mehr und mehr den Urheber aller Dinge zu erkennen, um in solcher Erkenntnis in der Liebe zu Ihm wachsen zu können. Der darauf folgende Platzregen sind die Werke, die der Durstige zu lesen bekommt. Gar begierig saugt er diese in sich und wird allzeit danach gewahr, wie durch deren Einfluß die noch leeren, unverbundenen Klüfte in ihm nach und nach ausgefüllt und zu einer Feste gemacht werden. Und je mehr der Platzregen da auf dieses Gebäude niederfällt, desto fester auch wird nach einem jeden Platzregen das Gebäude.

6] Aber von welch ganz anderer Wirkung sind die Winde und Platzregen bei dem Gebäude, das da in der Tiefe auf lockerem Sande auferbaut ward! Wenn da die Winde kommen und stoßen an das locker stehende Gebäude und erschüttern dasselbe und dann das Gewässer kommt, welches der Platzregen verursachte, so ist es mit dem Gebäude auch zu Ende. Denn die Winde zerstoßen das häufig schon geritzte Gemäuer, an dessen Ritzen und Sprüngen der schlechte Grund die Ursache ist; und kommt dann das Gewässer, so reißt es das ganze Gebäude mit leichter Mühe nieder und spült es in irgendeinen nahen Strom des Verderbens.

7] Ich meine, das dürfte doch auch zentralsonnenhaft klar sein! Denn ein Mensch, der von einer geistigen Vorbereitung nicht einmal eine Ahnung hat, muß doch offenbar zugrunde gehen, wenn er aus *der* Absicht die geistigen Winde und den geistigen Platzregen über sich kommen läßt, damit diese aus ihm ein festes Gebäude oder einen festen, geistig-weisen Menschen machen sollten.

8] Gebet einem entweder ganzen oder doch wenigstens halben Weltmenschen die Bibel in die Hand und saget zu ihm: „Freund! Da lies fleißig darin, und du wirst das finden, was dir abgeht: einen verborgenen Schatz, nach dem du immer fragst, bestehend aus Gold, Silber und Edelsteinen, welcher ist ein vollkommenes Leben deiner Seele", — und der Freund wird auf dieses Anraten sich gleich irgendeiner Bibel bemächtigen und wird sie mit großer Aufmerksamkeit lesen.

9] Aber je begieriger und je aufmerksamer er dieses Werk lesen wird, auf desto mehr äußere Widersprüche wird er auch stoßen und wird bald zu seinem Freunde sagen: „Freund, ich habe nun das von dir angeratene Buch wenigstens schon sechs- bis siebenmal durchgelesen; aber je öfter und je aufmerksamer ich es durchlese, auf desto mehr Widersprüche und Unsinn komme ich auch. Was soll es mit all diesem bunten Firlefanz, was mit diesen mysteriösen Prophetien, die geradesoviel Zusammenhang zu haben scheinen wie der Chimborasso in Amerika mit dem Himalajagebirge in Asien?

10] Daß diese zwei Berge sicher auf einer und derselben Erde stehen, das ist klar; also stehen auch ähnliche Prophetien in einem und demselben Buche, das ist auch klar. Aber wie solche prophetischen Stellen sinnreich zusammenhängen, oder wie allenfalls der

Chimborasso durch den ganzen Mittelpunkt der Erde mit dem Himalajagebirge in Asien zusammenhängt, solches zu ermitteln wird schwerlich einem irdischen Naturforscher gelingen, solange er noch das Feuer fürchtet und für seinen mäßigen Durst am großen Gewässer des Meeres einen zu mächtigen Löschapparat findet.

11] Ich kann dir sagen, mein lieber Freund und Bruder, als ich dieses Buch das erste Mal durchgelesen habe, da kam es mir im Ernste vor, als hätte es irgendeinen verborgenen weisen Sinn; aber je öfter und je kritischer aufmerksam ich es darauf wieder durchlas, desto mehr überzeugte ich mich auch, daß dieses ganze Buch nichts anderes ist als eine allerreichhaltigste Schatzkammer des allerkrassesten Unsinns. Denn abgerechnet einige praktikable alte Weisheitssprüche drängt ein Unsinn den andern, und die alleinigen wenigen Sprüche, welche geradewegs wohl auch nicht das reinste Gold sind, abgerechnet, ist dieses Buch ganz dazu geeignet, der Dummheit der Menschen seiner mystischen Form wegen noch einen jahrhundertelangen Unterhalt zu verschaffen."

12] Aus diesem Raisonnement[1] könnt ihr hinreichend entnehmen, was die Winde und dieser Platzregen aus der Bibel bei unserem weltlichen Sandgebäude für einen Effekt gemacht haben. Ist ein solcher Mensch von einem Sandgebäude aber einmal also zerstört, dann sammle ihn zusammen, wer ihn will; denn Ich und alle Meine Engel finden eine solche Arbeit als eine der allerschwierigsten, und es ist leichter, zehntausend Menschen von allen Gassen und Straßen zum großen Gastmahl des Lebens hereinzubekommen, als

[1] Vernünftelei.

einen einzigen solchen Menschen, der mit der Lesung der Bibel auf einen Ochsenkauf ausging.

13] Wie es sich aber mit der Lesung der Bibel verhält, geradeso verhält es sich auch mit der Lesung aller ihrer inneren, geistigen Exegesen[1]. Denn da wird ein jeder sagen: „Wenn das ihr Sinn ist, warum ist sie denn nicht so abgefaßt?"

14] Und gebt ihr ihm den Grund ihrer bildlichen Form auch noch so klar an, so wird er euch dafür nur ins Gesicht lachen und wird sagen: „Nach der Tat läßt sich leicht prophezeien! Denn jeder Unsinn läßt sich drehen und wenden wie ein Teig, und man kann aus ihm formen, was man will; denn das Chaos ist der Grund aller Dinge, — aus ihm läßt sich mit der Zeit alles formen. Aber warum nicht eine Prophezeiung so geben, wie sie tatsächlich geschieht? Der Grund ist: weil man das im voraus nicht wissen kann; daher gibt man dann einen mystischen Unsinn, aus dem sich dann jede Tat formen läßt, die in der Zukunft erfolgt.

15] Das ist dann auch das Endurteil, welches durch keine Zentralsonnenmacht mehr wohl erleuchtet aufgehoben werden kann. — Ich meine, das wird auch klar sein; aber dessenungeachtet wollen wir noch mehrere Zentralsonnen zusammenbringen. Nächstens darum wieder eine Zentralsonne mehr!

---

[1] Erklärungsschriften.

4. KAPITEL

„Ich bin der Weg, die Wahrheit und das Leben; niemand kommt zum Vater denn durch Mich."
(Johannes 14, 6)

Am 27. Dezember 1843 abends

1] Wird es wohl schwer sein, noch eine Zentralsonne hierher zu zitieren? O nein, nicht im geringsten! Denn wir dürfen nur jeden nächsten besten Text aus dem Buche des Neuen Testaments hierhersetzen, und eine neue Zentralsonne ist vor euch mit demselben Urlichte und mit derselben Kraft und Wirkung desselben. Zum Beispiel: „Ich bin der Weg, die Wahrheit und das Leben; niemand kommt zum Vater — denn durch Mich."

2] Seht, da haben wir gleich eine Zentralsonne! Wer deren Licht in sich erschauen kann, der wird in solcher Beleuchtung sicher einsehen, daß durch das absolute Lesen soviel wie nichts ausgerichtet ist zum Gewinne des ewigen Lebens.

3] Der Vater ist die ewige Liebe in Mir, wie Ich in allem Meinem göttlichen Wesen von Ewigkeit her vollkommen in ihr bin. Denn Ich und der Vater sind Eins, oder Ich und Meine ewige Liebe sind Eins, oder wie die Liebe in ihrer Weisheit lebendig wohnt ewiglich, also wohnt auch die Weisheit in der Liebe, aus der sie hervorgeht, ewiglich.

4] Der Vater oder die Liebe ist das Grundleben alles Lebens; wer nicht zu diesem lebendigen Urborn alles Lebens zurückkommt, der bleibt tot und kann nirgends woanders ein Leben überkommen.

5] Wo aber ist die Tür zum Vater? Und wer ist diese Tür? Sind es die vielen Bücher und Schriften, die jemand liest, oder bin Ich es?

6] Ja, man wird hier bessererseits wohl gleich einstimmen und wird sagen: „Ja fürwahr, wenn man die Lehre Christi genau durchprüft, so kann man nicht leichtlich mehr einer andern Meinung sein als allein der nur, daß man nur allein durch die Befolgung dieser Lehre ein ewiges Leben für Geist und Seele erreichen kann. Und in dieser Hinsicht ist ganz richtig, was Christus von Sich ausgesagt hat, daß nämlich Er allein der Weg, die Wahrheit und zugleich das Leben Selbst ist!"

7] Und Ich aber sage euch fürwahr: Es gibt Tausende und abermals Tausende, die ein solches Bekenntnis ablegen, und das aus dem Grunde ihrer guten Einsicht; und dennoch sage Ich: Sie sind tot und haben weder den Weg, die Wahrheit, noch die Tür und das Leben gefunden.

8] Man wird hier sagen: „Diese Sache klingt grob und schonungslos! Wie läßt sich so etwas von der allerhöchsten Liebe Gottes hören? Was kann der Mensch mehr tun, als durch den Fleiß seines Studiums zur vollkommenen Einsicht der großen Wahrheit und Göttlichkeit des großen Lehrmeisters zu gelangen? Was Höheres kann der Mensch wohl tun, als so er die wahre, höchste, heilige Würde des göttlichen Wortes evident zu erkennen strebt und durch seinen Fleiß auch wirklich erkennt?"

9] Ich aber sage: Das ist einerseits wohl wahr, — es ist sicher besser, so etwas zu tun, als alles zu verwerfen und dann dem Hochmute der Welt zu frönen; aber in der Schrift heißt es auch: „Es werden zu der Zeit viele zu Mir sagen: ‚Herr, Herr!'", und dagegen heißt es dann, daß Ich zu ihnen sagen werde: „Weichet von Mir; denn Ich habe euch noch nie erkannt!"

10] Das ist der Grund der euch sicher bekannten

Stelle im Neuen Testament. Unter dem Spruche „Herr, Herr!" wird dargetan, daß Christus wohl als der Weg, die Wahrheit und das Leben erkannt wird. Aber was nützt diese Erkenntnis, so niemand auf dem Wege wandeln will und mag nicht tätig ergreifen die Wahrheit, um durch sie zu gelangen zum Leben?

11] Ein Schauspieler bin Ich doch wohl sicher nicht, daß Ich Mich begnügen möchte allein an dem leeren Beifallsgeklatsche, sondern Meine Sache ist voll des ewigen Ernstes, und Ich verlange daher auch eine ernste Tätigkeit und nicht den leeren alleinigen Beifall!

12] Was würde wohl ein reicher Bräutigam für ein Gesicht machen, wenn ihm verschiedene Bräute allen Beifall bezeigen möchten und möchten ihn loben und rühmen; so er aber eine oder die andere ergreifen möchte, so liefe sie dann davon und möchte noch in ihrem Herzen obendrauf schmähen über eine solche Dreistigkeit?

13] Saget, wird der Bräutigam wohl eine von solchen törichten Bräuten zum Weibe nehmen? Fürwahr, er wird hinausgehen und wird sich nach einer Hure umsehen und wird zu ihr sagen: „Ich kenne dich, daß du eine Hure bist; aber ich sage dir: Laß ab von deinem Getriebe, und ich will dich zum Weibe nehmen!"

14] Und die Hure wird ablassen, von ihrer wahren, neu erwachten Liebe genötigt, und wird dem Bräutigam zu einem vielgeliebten Weibe werden — und wird gleichen einer Magdalena, die ehedem unter allen Weibern Israels die Letzte war; als sie aber der rechte Bräutigam rief, da ward sie die Erste unter allen Weibern, die mit dem Bräutigam Selbst die große Auferstehung zum ewigen Leben feierte!

15] Fürwahr, ihre Sache war nicht das Lesen der Bücher; aber als sie den Rechten erkannt hatte, da stand sie alsbald ab von ihrem Weltgetriebe und faßte eine starke, unvertilgbare Liebe zu Dem, den sie als den Rechten erkannt hatte, *und brachte Ihm ihrer großen Liebe wegen alles zum Opfer, was sie auf dieser Welt hatte.*

16] Sehet, für eine solche Braut war Ich in der wirklichen lebendigen Tätigkeit der Weg, die Wahrheit und das Leben!

17] Es gab aber gar viele andere zu der Zeit, die Mich auch als das erkannt hatten, aber von der Tätigkeit wollten sie nichts wissen; daher gehört für sie auch der Text: „Also werden die Ersten die Letzten und die Letzten die Ersten sein!"

18] Ist denn aber der Weg, die Wahrheit und das Leben in der Tat im Ernste so schwer? Heißt es nicht: „Mein Joch ist sanft und Meine Bürde leicht!"? — Ja fürwahr, also ist es auch! *Der ganze Weg, die Wahrheit und das Leben und das sanfte Joch und die leichte Bürde stecken in den zwei Geboten der Liebe.*

19] Ist es denn gar so schwer, Den zu lieben, der die ewige Liebe Selbst ist, und ist es wohl schwer, zu lieben den eigenen Bruder? O fürwahr! Nichts ist leichter als das, — *nehmet nur die Welt, diese alte Pest des Geistes, aus eurer Brust, und ihr werdet erfahren, wie süß und leicht es ist, zu lieben die ewige Liebe und zu lieben den Bruder!*

20] Aber schwer freilich wohl ist es, zu lieben die ewige Liebe und den Bruder, wenn das Herz voll ist der Welt, voll der Weltrechnungen, voll des Geldes, voll der Spekulation und voll der höllischen Mathematik, die da auf ein Haar zu berechnen versteht, was ein Groschen auf dem Wege des Wuchers in einem Jahr für Prozente abwerfen muß.

21] Ja fürwahr, wo das Herz dieser Kunst voll ist, da wird der „Herr, Herr“ nicht viel helfen, und der Weg, die Wahrheit und das Leben wird so schmal und dornig ausfallen, daß er wohl schwerlich je wird überwandelt werden können.

22] Was nützt da das Lesen von tausend und tausend noch so wahrheitsvollen Büchern? Werden sie jemanden zum Leben erwecken, der tagtäglich besorgt ist, sein Herz stets mehr und mehr von Tag zu Tag mit allem Unrat der Welt vollzustopfen?

23] Saget, wird jemand von euch mit einer Bildsäule Kinder zeugen können? Oder wird ein noch so kunstvoll gemaltes Samenkorn aufgehen, so ihr es in das Erdreich setzet? Sicher weder das eine noch das andere! *Das Lebendige kann nur mit dem Lebendigen wieder Lebendiges zeugen; also kann auch das lebendige Wort nur im lebendigen Herzen wieder Früchte bringen.*

24] Für den geistig Toten aber ist auch das lebendige Wort nichts als ein gemalter Same, und er mag zahllose solche Körner in sich streuen, so wird er aber dennoch nie eine Frucht erzielen; weil er das Wort nicht belebt, so wird das Wort auch nicht lebendig in ihm.

25] Wer aber nur weniges hört und tut danach, der ist ein Täter des Wortes und sucht das Reich Gottes wahrhaftig, und alles andere wird ihm hinzugegeben. Ich meine, das ist auch klar; doch nächstens der Zentralsonnen mehr!

5. Kapitel

„Mich dürstet!" — „Es ist vollbracht!"
(Johannes 19, 28 u. 30)

Am 28. Dezember 1843 abends

1] Damit ihr aber nicht etwa am Ende sagen möchtet, als sei nicht ein jeder Text eine völlige Zentralsonne, sondern nur ein solcher etwa, den Ich Selbst hierher setze, so wählet euch denn selbst einen Text, wie ihr ihn nur immer wollt, und wir werden dann sehen, ob er nicht ganz einen und denselben Hauptgrund als eine gleiche Zentralsonne vor den Augen des Geistes allerhellst erleuchtet. Und also tuet solches!

2] Ihr habt die beiden kleinen Texte genommen: „Mich dürstet!" und „Es ist vollbracht!"

3] Bevor wir aber zu der klaren Beleuchtung übergehen, muß Ich euch schon die Versicherung geben, daß Ich euch die Wahl vollkommen freigelassen habe; denn sonst könntet ihr am Ende sagen, Ich hätte euch gerade das eingegeben, was Ich brauchen kann. — Und nun erst gehen wir zur Hauptsache über!

4] „Mich dürstet!" Wonach? Nach der Liebe, die die Welt nicht hat, — darum sie Mir auch nur Essig und Galle zur Stillung Meines Durstes statt des belebenden Wassers reichte und noch bis jetzt fortan immer reicht.

5] „Mich dürstet!" Wonach? Nach dem Leben, das Ich Selbst ursprünglich von Ewigkeit Selbst bin, und das Ich in so reichlicher Fülle von Urbeginn an ewig zahllose Wesen verschwendet habe!

6] Also nach diesem Leben dürstet Mich! Endlos vielfach ist dieses Leben in den Tod übergegangen.

Ich kam, um es dem Tode zu entreißen. Darum dürstete Mich gar sehr im Augenblick der großen Erlösung nach diesem verschwendeten Leben; aber der Tod hatte so sehr überhandgenommen, daß ihn das ewig lebendige Blut der Liebe nicht zu erwecken vermochte!

7] Als Ich verlangte zu trinken das Leben, da gab man Mir aber dennoch nicht das Leben, sondern man gab Mir zu trinken den Tod! Essig und Galle war der Trank; Essig als das Symbol des Zusammenziehenden und Verhärtenden und die Galle als das Symbol des Hasses, Zornes und Grimmes.

8] Dieses Bild ist klar und deutlich dargestellt, und wir wollen sehen, wie es fürderhin für unsere Sache taugt.

9] Sehet, also rufe Ich zu aller Welt, wie zu euch, fortwährend: „Mich dürstet!“, oder was ein und dasselbe ist: „Liebet Mich, gebet Mir zu trinken eure Liebe! Liebet Gott über alles und euren Nächsten wie euch selbst! Das ist das Wasser des Lebens, danach Mich in euch dürstet.“

10] Frage: Reichet ihr Mir wohl dieses Wasser? Oder reichet ihr Mir nicht vielmehr auch Essig und Galle?

11] Das wenige, das Ich von euch verlange, ist nichts als die Liebe und die Tat danach. Wenn ihr aber anstatt der wahren, lebendigen Liebetat nur leset und dabei nichts tut, außer was eurem Weltsinne so oder so zusagt, — Frage: Ist das nicht Essig mit Galle, das ihr Mir an Stelle des lebendigen Wassers reicht? Ja, Ich sage euch: Je mehr ihr zusammenleset und dabei aber nichts tut, als was euch nach eurem Sinne weltlich erfreut, desto saurer wird der Essig und desto bitterer die Galle.

12] Es heißt dann freilich: „Es ist vollbracht!“ Aber was? — Mein eigener Kampf um euch; denn mehr kann Ich nicht tun, als als euer Schöpfer, Gott und Herr und das ewige Leben Selbst euren Tod auf Mich nehmen!

13] Daß aber Ich nicht getötet werden kann in Meinem ewigen Geiste, das braucht keiner weiteren Erklärung. Nur den Kampf für euer Leben kann Ich bis zur endlos höchsten Stufe treiben. Aber da ihr selbst endlich seid, so muß auch dieser Kampf irgend ein möglich höchstes Ziel haben. Ist dieses Ziel erreicht, dann ist der Kampf vollbracht, von Mir aus betrachtet, — aber nichtsdestoweniger etwa auch bei euch, die ihr Mir, dem vollbringenden Kämpfer um euer Leben, aus lauter Dankbarkeit statt des lebendigen Liebewassers nur Essig mit Galle reichet.

14] Es ist freilich vollbracht; aber nicht für euch, sondern leider nur für Mich Selbst, oder: Ich habe für euch alles getan, was nur immer in der göttlichen Möglichkeit steht; *darum habe Ich Mein Werk um euch vollbracht.* Aber tut auch ihr danach, daß dieses Werk *in euch* vollbracht wäre?

15] O ja, — ihr leset fleißig, ihr schreibet auch fleißig, ihr besprechet euch auch gern von Mir; aber wenn Ich sage: „Widmet Mir an Stelle eurer gewissen Weltgedanken und an Stelle eurer so manchen Weltheiterungen nur eine volle Stunde am Tage; heiliget sie dazu, daß ihr euch in derselben mit nichts als nur mit Mir in eurem Herzen abgebet!“, — oh, da werdet ihr hundert Anstände für einen finden, und hundert weltliche Gedanken werden sich um einen einzigen schwachen geistigen wie ein Wirbelwind drehen!

16] Allerlei weltliche Rücksichten werdet ihr da zum Vorschein bringen; und wenn sich auch jemand für eine solche Stunde entschließen möchte, so wird er sich sicher nicht zu sehr freuen auf diese, sondern wird vielmehr eine kleine unbehagliche Scheu vor derselben haben und wird dabei fleißig die Minuten auf dem Zifferblatt seiner Uhr zählen und nicht selten mit Ungeduld auf das Ende des Mir geweihten Stündleins harren.

17] Und käme da nur irgendein unbedeutendes Weltgeschäftlein dazwischen, so wird das Stündlein entweder gar kassiert oder wenigstens in eine solche Periode des Tages versetzt, in welcher sich gewöhnlich schon der wohltätige Schlaf über die Sterblichen senkt, und in welcher, besonders beim weiblichen Geschlecht, keine angenehmen Besuche mehr zu erwarten und keine nervenstärkenden Promenaden mehr zu unternehmen sind.

18] Sehet, das alles ist Essig und Galle! Und es ist in euch dadurch nicht vollbracht, wenn Ich zufolge Meiner unendlichen Liebe alles Erdenkliche tue, um euch auf den rechten Weg des Lebens zu bringen; denn zur Vollbringung in euch ist nötig, daß ein jeder sich selbst verleugne aus wahrer Liebe zu Mir, sein Kreuz auf sich nehme und Mir treulich nachfolge.

19] Wer aber tut das? Das weibliche Geschlecht kann wohl, wenn es gut geht, den ganzen Tag für den Leib stechen und heften und kann sich putzen und nicht selten über die Maßen freuen auf irgendeinen Besuch; aber wenn Ich dazu sagen möchte: „Bleibet daheim in eurem Kämmerlein, und gedenket in eurem Herzen Mein!“, da werden sie traurig, lassen ihre Gesichter hübsch weit herabhängen und sagen: „Aber auf der Welt haben wir doch nichts Gutes!“

20] Frage: Ist das nicht Essig und Galle, wie sich's gehört? Oder halten solche weiblichen Menschen in ihrem Herzen nicht eine noch so nichtssagende Welterheiterung höher denn Mich? Haben solche Menschen auch in sich vollbracht, wie Ich am Kreuze für sie den großen Kampf vollbracht habe?

21] Gebet ihnen angenehme Bücherchen mit allerlei Histörchen, die Meinetwegen auf Mich Bezug haben sollen; sie werden sie recht gern lesen, besonders wenn darin dann und wann von einer romantischen Heirat die Rede ist oder darin wunderbare Märchen vorkommen. Gebt ihnen aber nur ein etwas ernster abgefaßtes Büchlein; das werden sie gerade mit einem solchen Appetit lesen, als mit welchem da frißt ein an gute Speisen gewöhnter Hund eine ihm dargereichte dürre Brotkrume, die er höchstens anschnüffelt, sie aber dann bald mit gesenktem Schweif und hängenden Ohren verläßt.

22] Da aber das Tun doch immer noch etwas Ernsteres ist als das alleinige Lesen selbst des ernstesten Buches, so erklärt sich die Sache von selbst, mit welcher Schwierigkeit da das Tun wird zu kämpfen haben.

23] Es gibt viele, die eine gute Musik gern von Künstlern hören; aber wie wenige darunter wollen sich dahin selbstverleugnen, um durch ein angestrengtes Studium selbst Künstler zu werden.

24] Es ist leicht das Hören und nicht schwer das Lesen und ebenso leicht das Zuschauen; aber das Selbsttun ist für jedermann von keinem großen Reiz. Was nützt aber jemandem das Wissen und Nicht-Tun-danach?

25] Sehet, das alles ist Essig mit Galle und bringt das Vollbringen nicht zuwege! In Mir wohl, indem Ich jedermann alles Erdenkliche dazu gebe, — aber nicht in dem Menschen, der das nicht also und dazu benutzen will, wie und warum Ich es ihm gebe.

26] Daher seid nicht eitle Hörer, sondern Täter des Wortes! Denn nur als Täter löschet ihr Meinen Durst mit dem lebendigen Liebewasser, sonst aber reichet ihr Mir allzeit Essig und Galle.

27] Ich meine, das wird auch klar sein; aber nächstens dennoch der Zentralsonnen mehr!

6. KAPITEL

„Und da sie Ihn sahen, beteten sie Ihn an; einige aber zweifelten." (Matthäus 28,17)

Am 29. Dezember 1843 abends

1] Auch hier habt ihr wieder die freie Wahl eines Textes; wählet daher, und wir wollen sehen, ob er auch als Zentralsonne für diese unsere vorliegende Sache taugt.

2] „Und da sie Ihn sahen, beteten sie Ihn an; einige aber zweifelten."

3] Ihr habt diesen Text bestimmt und habt damit auch schon wieder den Nagel auf den Kopf getroffen. Fürwahr, es könnte dieser Text für eine Hauptzentralsonne angesehen werden!

4] „Als sie Ihn sahen, beteten sie Ihn an." Wen sahen sie denn, und womit sahen sie Ihn, und wie beteten sie Ihn an?

5] Sie sahen Mich, den Herrn. Womit denn? Mit ihren Augen. Und wie beteten sie Mich an? Mit ihrem Munde. Warum beteten sie Mich denn an? Weil sie durch das Wunder wußten, wer Ich bin; sie wußten nämlich, daß Ich der Herr bin. Woher wußten sie aber das? Sie wußten das durch Meine Lehre, und durch Meine Taten, und durch das Wunder Meiner Auferstehung.

6] Nun wollen wir sehen, ob ihr nicht desgleichen tut!

7] Ihr sehet Mich zwar nicht mit euren Augen, *aber desto mehr sehet ihr Mich mit euren Ohren und mit den Augen der Seele,* welche da sind euer gutes Verständnis. Denn das Sehen mit den Augen ist wohl das wenigste, weil die Bilder, die in dasselbe fallen, sehr flüchtig sind und keinen Bestand nehmen. Das alte Sprichwort ist richtig: „Aus den Augen, aus dem Sinn!"

8] Aber was ihr wahrnehmet mit den Ohren, ist schon bleibender; denn ein vernommenes Wort könnt ihr zu jeder Zeit so getreu wiedergeben, wie ihr es vernommen habt. Aber versuchet dasselbe auch mit einem geschauten Objekt. Selbst einem sehr gewandten Bildner oder Maler wird es nicht leichtlich gelingen, ein geschautes Objekt so getreu wiederzugeben, wie er es geschaut hat.

9] Aber Objekte, Bilder und Begriffe, die das Ohr aufgenommen hat, bleiben haften, und das überaus getreu; und dieser Treue zufolge könnt ihr reden, und das in verschiedenen Zungen, und könnt das einmal Gehörte oder Gelesene, ja selbst das Geschaute getreu wiedergeben, wie ihr es gehört, gelesen und geschaut habt, und das nach längeren Zeiträumen noch ohne die geringste Verwischung des Eindruckes, — während ihr zufolge eures Augenlichtes nicht einmal ein vor euch liegendes Bild also getreu nachzuzeichnen imstande seid, wie ihr es erschauet.

10] Daraus aber geht doch klar hervor, daß das Schauen mit dem Ohr ums unvergleichliche bei weitem höher steht als das Schauen mit dem Auge. Also steht das auch viel höher, den Ton eines Wortes verständlich zu hören, als die äußere Form eines Bildes zu beschauen.

11] Ein Blinder kann gar wohl ein Weiser sein, —

aber ein Stummer wird es nicht leichtlich dahin bringen; denn die Stummheit ist die gewöhnliche Folge der Taubheit. Und dennoch haben die Stummen gewöhnlich ein viel schärferes Auge, als die da hören und darum nicht stumm sind.

12] Aus dem geht wieder hervor, daß das Schauen mit dem Ohr bei weitem höher steht als das Schauen mit dem Auge. Das Schauen mit dem Auge kann jemand wohl entzücken und überraschen, besonders wenn Objekte von großer Seltenheit zum Vorschein kommen; aber die Lehre nimmt nur das Ohr auf.

13] Aus dem geht also wieder hervor, daß es besser ist zu hören, als zu sehen. Denn was durch das Gehör eingeht, das erleuchtet und ordnet den Verstand; was aber durch das Auge eingeht, das verwirrt denselben nicht selten gar gewaltig.

14] Wenn zum Beispiel das weibliche Geschlecht nur von fernher von einer neuen Modekleidertracht etwas hören würde, aber nie etwas davon zu Gesichte bekäme, da bliebe ihr Sinn geordnet, und es ließe sich nicht leichtlich ein Frauenzimmer eine neue törichte Mode auf den Leib hängen; wenn sie aber dazu Bilder zu Gesichte bekommt, so verwirren diese den guten, einfachen Sinn und machen aus dem Weibe gar bald eine eitel törichte Putzdocke, die Mir ärgerlicher ist als zehntausend Tollhäusler.

15] Aus dem geht wieder hervor, um wie vieles in jeder Hinsicht das Hören besser ist als das Sehen.

16] *Also aber sehet ihr Mich auch täglich, und das durch das Ohr eures Leibes, so ihr Mein Wort leset,* und durch das Ohr eurer Seele, welches ist euer besseres Verständnis; *und weil ihr Mich also sehet, wie Ich auch bei euch auferstehe, so erkennet ihr Mich gar wohl und betet Mich auch an,* und das mit eurem Verständnisse und danach auch mit eurem Munde.

17] Nun aber frage Ich: War das von seiten derjenigen, die Mich da nach der Auferstehung sahen und anbeteten, auch schon genug, um dadurch das ewige Leben zu überkommen?

18] Die drei Fragen, welche Petrus von Mir empfing, ob er Mich liebe, zeigen mehr als hinreichend, daß das alleinige Sehen und das Anbeten danach noch nicht genügt, einzunehmen Mein Reich und das ewige Leben mit ihm, — so wie es nicht genügt, allein zu sagen: „Herr, Herr!"

19] Geradeso aber schauet auch ihr Mich, so ihr Mein Wort leset, und betet Mich auch an durch das Verständnis und durch die Aufmerksamkeit, mit welcher ihr Mein Wort leset. Also könnet auch ihr sagen: „Wir sehen Dich und beten Dich an!"

20] Aber Ich erscheine noch einmal und frage euch Petrusse nicht nur dreimal, sondern zu öfteren Malen: „Liebet ihr Mich?" — Da sagt euer Mund: „Ja!" — Aber wenn Ich so recht genau in euer Herz blicke, da erschaue Ich dasselbe gar nicht selten wie einen verdrießlichen Herbsttag, in allerlei schmutzige Weltnebel verhüllt, und Ich mag dann vor lauter Nebeln nicht erschauen, ob dieses Ja wohl im Ernste im Grunde eurer Herzen geschrieben steht mit glühender Schrift. Es mag ja sein, daß es drinnen geschrieben ist; aber warum so viele Nebel, die das Herz nicht selten so sehr verdüstern, daß man diese lebendige Inschrift der Liebe zu Mir nicht wohl ausnehmen kann?!

21] Weg also mit diesen Nebeln! Weg mit der alleinigen Anschauung und Anbetung, damit diese Inschrift, welche ein Werk der Tätigkeit nach dem Worte ist, vollends lebendig ersichtlich wird — und Ich Selbst am

Ende zufolge des stets heller werdenden Lichtes dieser geheiligten lebendigen Inschrift in eurem Herzen!

22] Was nützt sonach das viele Lesen und Verstehen, wenn die Tat ausbleibt? Was nützt Sehen und Anbeten, aber sich dabei fortwährend fragen lassen: „Petrus, liebst du Mich?"

23] Magdalena sah Mich auch; aber Ich fragte sie nicht: „Magdalena, liebst du Mich?" Ich mußte sie vor lauter Liebe nur abhalten; denn nur gar zu mächtig erwachte sofort beim ersten Anblick ihre Liebe zu Mir. „Rühre Mich nicht an!", mußte Ich zu der sagen, deren Herz beim ersten Anblick in den hellsten Flammen aufloderte.

24] Aber zum Thomas mußte Ich sagen: „Lege deine Hände in Meine Wundmale!", und den Petrus mußte Ich fragen, ob er Mich liebe. Da wäre das „Rühre Mich nicht an!" nicht wohl angewendet gewesen; denn weder im Petrus und noch weniger im Thomas pochte ein Herz Magdalenens Mir entgegen.

25] Also brauche Ich auch zu euch nicht zu sagen: „Rühret Mich nicht an!", sondern Ich sage zu euch mehr noch wie zu einem Thomas: „Leget gleichsam nicht nur eure Hände in Meine Wundmale, sondern leget eure Augen, Ohren, Hände und Füße in alle Meine Schöpfung, in alle Meine Himmel und in alle Meine euch enthüllten Wunder des ewigen Lebens, und glaubet dann, daß Ich es bin, der euch solches gibt! Und Ich verlange darum nichts, als daß ihr Mich liebet!"

26] Aber da sehe Ich denn immer noch den Petrus am Ufer des Meeres in euch, der sich fortwährend fragen läßt: „Petrus, liebst du Mich?" Denn Petrusse seid ihr wohl in eurem Glauben, aber noch lange keine Magdalenen und keine Johannesse, den Ich auch nicht fragte, ob er Mich liebe; denn Ich wußte wohl, warum er Mir folgte, wenn Ich auch zu ihm nicht sagte wie zum Petrus: *„Folge Mir!“*

27] Petrus folgte Mir, weil Ich ihn Mir folgen hieß; Johannes aber folgte Mir, weil ihn sein Herz dazu trieb. Was wohl dürfte hier besser sein?

28] Petrus ward eifersüchtig auf Johannes, weil er ihn für geringer achtete als sich selbst; Johannes aber ward von Mir verteidigt, und ihm ward auch im selben Moment das *Bleiben* zugesichert, und das ist mehr als das „Folge Mir!“ Denn besser ist, zu dem Ich sage: „Bleibe, wie du bist!“, als daß Ich ihm gebiete, Mir zu folgen.

29] Also ist auch die wahre, tätige Liebe besser als Glauben, Schauen und Anbeten und besser als von Mir viel lesen, viel verstehen, aber dafür wenig lieben!

30] Ich meine, das wird auch wieder klar sein; aber darum dennoch nächstens der Zentralsonnen mehr!

7. KAPITEL

„Dieser ging zu Pilatus und bat um den Leichnam Jesu.“ (Lukas 23, 52)

Am 2. Januar 1844 abends

1] Wieder sei euch auch hier die freie Wahl gelassen, eine solche Zentralsonne aus dem Buche des Lebens zu zitieren; und also wählet einen Text!

2] „Dieser ging zu Pilatus und bat um den Leichnam Jesu.“

3] Ihr habet den Text gewählt; aber Ich kann euch nicht helfen, wenn ihr gerade solche Texte wählet, die schnurgerade auf unsere Sache passen.

4] Joseph von Arimathia ging hin zu Pilatus und bat um des Herrn Leichnam, der ihm von Pilatus auch gegeben ward.

5] Dieser Joseph von Arimathia war ein Freund des Nikodemus und tat solches mehr im guten Namen seines Freundes als in seinem eigenen. Denn Nikodemus war ein großer, geheimer Verehrer Christi, aber aus einer gewissen Furcht vor den Hohenpriestern und Pharisäern getraute er sich nicht, solches ganz offenbar zu unternehmen; daher übertrug er solches seinem Freunde, der ebenfalls auch ein großer Freund Christi war, aber ganz im geheimen. Diese kurze Aufklärung ist notwendig, damit man das Folgende klarer fasse.

6] Wie paßt denn aber demnach dieser Text und überhaupt diese kleine Begebenheit auf unsere Sache?

7] Stellet euch unter ‚Nikodemus' die verborgene *Liebe* zum Herrn vor; unter ‚Joseph von Arimathia' aber stellt euch vor den *Glauben* an den Herrn.

8] Was ist der Glaube bezüglich der Liebe? Er ist derselben Handlanger. Also war auch Joseph von Arimathia hier ein Handlanger des den Herrn geheim liebenden Nikodemus.

9] Was verlangte aber der Glaube von Pilatus? Er verlangte den Leichnam des Herrn, wickelte ihn, als er ihn vom Kreuze genommen hatte, in weiße Linnen, nachdem er den Leichnam zuvor mit köstlicher Spezerei gesalbt hatte, und legte ihn dann in ein frisches Felsengrab im eigenen Garten, in welchem Grabe noch nie jemand gelegen war.

10] Was bezeichnet wohl solches alles? — Das alles bezeichnet die Wißbegierde des Glaubens in ihrer Befriedigung. Diese an und für sich edle Wißbegierde sucht alles Erdenkliche auf, um darin eine lebendige Befriedigung zu finden.

11] Zu Pilatus geht sie und erbittet sich die Erlaubnis; das heißt soviel als: Solche Wißbegierde geht zur Welt und sucht in derselben alles Mögliche auf, was ihr zur Bestätigung der Wahrheit dienen könnte.

12] Hat sie von der Welt alles empfangen, was sie suchte, dann wendet sie sich zu dem Gekreuzigten. Aber wie? Sie sucht da alle Worte und alle Erklärungen ins helle Licht zu stellen, alsonach zu befreien von den geheimnisvollen scheinbaren Widersprüchen, welche in der Heiligen Schrift vorkommen.

13] Dieses gelingt ihr auch; sie hat den Leichnam richtig von dem Kreuze, das in seiner Gestalt eben einen Widerspruch darstellt, befreit. Aber was hat sie, diese edle Wißbegierde nämlich, nun vor sich? Sehet, einen toten Leichnam, in dem nun kein Leben ist!

14] Diese edle Wißbegierde sieht das auch ein; aber sie ist dennoch in sich erfreut über diese glückliche Befreiung vom Kreuze. Sie salbt den Leichnam mit köstlichen Spezereien, wickelt ihn in weiße Linnen und legt ihn dann in ein neues Grab, darin noch nie jemand gelegen ist.

15] Was will das wohl besagen? Durch solche gründliche Beleuchtung des Wortes in der Heiligen Schrift wird unfehlbar die Göttlichkeit desselben ersichtlich und wird auch also geachtet und hochgeehrt. Das ist die Salbung. Denn nicht selten drückt sich da jemand in den erhabensten Ausdrücken aus über die Würde und göttliche Hoheit der Heiligen Schrift; aber alles das ist die Salbung des Leichnams.

16] Der Mensch mit dieser edlen Wißbegierde umwickelt solche erkannte Wahrheit mit der höchsten und reinsten Hochachtung, — ja er erschaudert über die Größe der Weisheit in diesem Buche; und das ist nichts anderes als die Einwicklung des Leichnams in weiße Linnen. Wie unschuldsvoll und rein an und für sich solche Linnen sind, also auch ist eine gleiche demütige Erkenntnis; aber der Leichnam, die Salbe wie die Linnen sind nicht lebendig und geben auch kein Leben.

17] Man wird aber nun diesen Leichnam in ein neues Grab legen. Was ist denn das? — Die Erkenntnisse, die der Mensch zufolge seiner edlen Wißbegierde sich zu eigen gemacht hat, geben ihm kein Leben, keine lebendige Überzeugung; daher faßt er sie alle zusammen und legt sie in das Grab seines tieferen Verstandes, legt da einen Stein darüber, was soviel heißt als: er legt über alle diese rein erkannten Wahrheiten einen recht schweren Zweifel; denn er spricht: „Alle diese Lösungen der verborgenen Geheimnisse in der Heiligen Schrift lassen sich wohl überaus gut hören; aber die anschauliche Überzeugung geben sie dennoch nicht."

18] Und seht nun, das ist ja der buchstäbliche Zustand eines jeden Viellesers! Er kann all das Gelesene noch so gut verstehen, vom naturmäßigen bis zum innersten geistigen Sinn; will er aber von all dem wohl Erkannten eine tatsächliche Probe, da erfährt er, daß sich nicht einmal ein Sonnenstäubchen vor seinem Willen beugt. Und will er das Leben des Geistes schauen, so begegnet ihm statt desselben allzeit die Grabesnacht, in die er den Leichnam gelegt hat; oder mit anderen Worten gesagt: er bekommt über das Jenseits keine in sich selbst anschauliche Gewißheit, sondern alles ist bei ihm eine Diktion[1] und durchaus nicht mehr, also ein Leichnam im Grabe.

19] Was aber ist ihm wohl damit geholfen? Wenn er

[1] unerwiesene Behauptung.

noch so viel gelesen hat, kann aber durch all das Gelesene zu keiner lebendigen Überzeugung gelangen, so gleicht er fortwährend einem Joseph von Arimathia, der wohl einen Leichnam um den andern vom Kreuze nimmt und salbt ihn und wickelt ihn in weiße Linnen, — aber der Leichnam bleibt Leichnam und wird allzeit ins Grab getragen.

20] Betrachten wir aber daneben wieder unsere Magdalena! Sie hat zwar auch dieser Handlung beigewohnt; aber sie wickelte den Leichnam oder das Wort nicht in Leinen und legte es nicht in das Grab, sondern in ihr liebeglühendes Herz; und als sie dann zum Grabe kam, war der Stein des Zweifels durch die Macht der Liebe hinweggewälzt. Die Leinen lagen gut geordnet zusammengelegt im Grabe, welches soviel sagt als: ihre Liebe hat das göttliche Wort in ihr lebendig geordnet. Sie fand keinen Leichnam mehr, aber dafür fand sie den Lebendigen, der aus dem Grabe auferstanden ist.

21] Was ist nun wohl besser: den Leichnam in das Grab legen, oder den Lebendigen über dem Grabe finden? — Ich meine, es wird offenbar das Zweite besser sein denn das Erste.

22] Warum aber fand die Magdalena, was Joseph von Arimathia nicht gefunden hat? Weil sie wenig gelesen, aber viel geliebt hat; Joseph aus Arimathia aber hat viel gelesen — wie Nikodemus —, aber dafür weniger geliebt. Daher hatte er auch mit dem Leichnam zu tun, — Maria [Magdalena] aber mit dem Lebendigen!

23] Ich meine, das wird auch klar sein; aber nächstens dennoch wieder eine Zentralsonne mehr!

8. KAPITEL

„Und Er, Jesus, war, als Er begann, etwa dreißig Jahre alt, wie man dafür hielt, ein Sohn Josephs."
(Lukas 3, 23)

Am 3. Januar 1844 abends

1] Setzet nur alsogleich wieder einen von euch gewählten Text an, und wir werden sehen, ob in ihm für unsere Sache irgendein Licht vorhanden ist.

2] „Und Er, Jesus, war, als Er begann, etwa dreißig Jahre alt, wie man dafür hielt, ein Sohn Josephs."

3] Der Text ist gegeben und ein übermächtig strahlend Licht mit ihm! Fürwahr, bei diesem Texte solltet ihr sogar selbst auf den ersten Augenblick der Sache, die hier zum Zwecke taugt, auf den Grund schauen. Wir wollen aber sehen, ob ihr nach einer geringen Vorleitung nicht selbst das Licht erschauen möget.

4] Er war etwa dreißig Jahre alt, als Er das Lehramt antrat, und man hielt Ihn für den leiblichen Sohn Josephs, des Zimmermanns.

5] Wer ist der ‚Er'? — Dieser ‚Er' ist der Herr Selbst, der von Ewigkeit war und ewig sein wird ebenderselbe Herr!

6] Wie war Er aber etwa dreißig Jahre alt, Er, der ewig war? *Der Ewige erschuf Sich hier Selbst zum ersten und zum letzten Male zu einem Menschen,* und als ein Mensch zählte auch Er an Sich die Zeit, die aus Ihm war von Ewigkeiten.

7] Er war nahe dreißig Jahre. Was will denn das sagen? Konnte Er als Gott dreißig Jahre zählen? Sicher nicht, denn Er war ewig; also nur als Mensch konnte Er das.

8] Er trat da Sein Lehramt an. Wie denn? Als Gott

oder als Mensch? Durch den Beisatz: „Und man hielt Ihn für den leiblichen Sohn Josephs, des Zimmermanns“, wird hinreichend bezeugt, daß der kaum dreißigjährige ‚Er‘ *nicht als Gott, sondern nur als Mensch Sein Lehramt angetreten hatte;* denn der Gott in Ihm verhielt Sich zu dem kaum dreißigjährigen Zimmermannssohne, wie sich zu einem jeden Menschen verhält sein innerer Geist. Dieser muß zuvor durch entsprechende äußere Tätigkeit, welche aus der Liebe hervorgeht, erweckt werden, bis er dann erst als ein eigenmächtiges, selbsttätiges Wesen handelnd auftritt.

9] Dieser kaum dreißigjährige Sohn des Zimmermanns Joseph dem Außen nach, trat demnach *Sein Lehramt vollkommen als Mensch und durchaus nicht als Gott an.* Die Gottheit trat in Ihm nur bei Gelegenheiten in dem Maße wirkend auf, als Er als Mensch durch Seine Taten dieselbe in Sich flott[1] machte; *aber ohne Taten tauchte die Gottheit nicht auf.*

10] Frage: Wie konnte aber dieser kaum dreißigjährige Mensch ein Lehramt antreten, wozu doch eine große Gelehrtheit erforderlich ist, welche viel Studium und eine große Belesenheit voraussetzt? Woher kam denn diesem die Weisheit?

11] „Denn wir kennen ihn ja; er ist des Zimmermanns Sohn und hat die Profession[2] seines Vaters oft genug vor unseren Augen betrieben. Wir wissen, daß er nie Schulen besucht hat; auch können wir uns nicht leichtlich erinnern, daß er irgend bei Zeit und Gelegenheit etwa das Buch in die Hand nahm und darinnen las. Er war ein gemeiner Handwerker bis zur Stunde beinahe, und sehet, der ist nun ein Lehrer,

[1] frei; [2] das Handwerk.

und Seine Lehre ist voll Salbung und voll tiefer Weisheit, obschon ihm sonst noch überall der Zimmermann herausschaut. Wie lange wird es denn sein, als er mit seinen Brüdern bei uns einen Eselsstall baute? Seht nur seine echt zimmermannsknoperigen[1] Hände an, und siehe da, er ist ein Lehrer und ein Prophet sogar, ohne je in die Prophetenschule der Essäer hineingeschmeckt zu haben. Wie sollen wir das nehmen?"

12] Sehet, das ist ein buchstäblich wahres Zeugnis, welches dem Zimmermannssohne zu Kapernaum[2] gegeben ward! Aus diesem Zeugnis aber geht klar hervor, daß in diesem kaum dreißigjährigen Zimmermanne eben nicht viel von der Gottheit hervorgeschaut haben muß; denn sonst müßte man ihn doch eines anderen Zeugnisses gewürdigt haben.

13] Woher aber nahm denn dieser ganz reine Mensch solche Lehramtsfähigkeit, da er weder studiert noch irgend viel gelesen hatte? Dieser Mensch hatte seine Lehramtsfähigkeit lediglich seinem Tun zu verdanken.

14] Sein Handeln ging lediglich aus seiner fortwährend großen Liebe zum Göttlichen und eben also auch aus der Liebe zu dem Nächsten hervor. *Er opferte jede Handlung Gott auf* und übte sie also, daß er dabei nie seinen Vorteil, sondern bloß den seines Nächsten vor Augen hatte. Daneben verwendete dieser Mensch tagtäglich eine Zeit von drei Stunden der allgemeinen Ruhe in Gott.

15] *Dadurch erweckte er stets mehr und mehr die in ihm in aller ihrer Fülle schlummernde Gottheit* und machte sie sich nach dem Maße und Grade seiner Tätigkeit zinspflichtig. Und als er, wie gesagt, kaum

[1] schwieligen; [2] Lorber: Kapharnaum.

das dreißigste Jahr erreicht hatte, war die Gottheit in ihm bis zu dem Grade erwacht, daß er durch ihren Weisheitsgeist diejenige erhabene Fähigkeit überkam, um das bekannte Lehramt, zu dem er berufen ward, anzutreten.

16] Nach dieser Vorleitung frage Ich euch, ob ihr in diesem Texte das überaus stark leuchtende Licht noch nicht erschaut? Ja, ihr erschauet es schon und sehet auch, wo es hinaus will, daher werden wir uns im Nachsatz auch nur ganz kurz fassen, um der Sache nicht eine überflüssige Ausdehnung zu geben.

17] Wie soll denn aber demnach der Nachsatz heißen? Sehet, ganz kurz also: „Gehet hin, und tuet desgleichen!"

18] Denket nicht, daß man nur durch ein vieles Lesen und Studieren den göttlichen Geist in sich erweckt; denn dadurch tötet man eher denselben und trägt ihn als einen Leichnam zu Grabe. Seid aber dafür tätig nach der Grundregel des Lebens, so wird euer Geist lebendig und wird in sich alles finden, was ihr sonst durch das Lesen von tausend Büchern sicher nicht gefunden hättet!

19] Wenn aber der Geist lebendig ist, so möget ihr auch lesen, und ihr werdet dann durch das Lesen oder durch das Anhören Meines Wortes Früchte sammeln, welche einen lebendigen Kern oder Grund haben. Ohne die frühere[1] Erweckung des Geistes aber erntet ihr nur leere Hülsen der Frucht, darin kein lebendiger Kern ist; der lebendige Kern aber ist das innere, lebendige geistige Verständnis.

20] Woher aber sollte das kommen, wenn der Geist zuvor nicht freitätig und lebendig gemacht ward? Der

[1] vorhergegangene.

Leib ist eine äußere Hülse, welche abfällt und verwest; die Seele ist des Geistes Nahrung und Leib. So ihr aber bloß leset, um eure äußere naturmäßige Erkenntnis zu bereichern, was soll da auf den Geist kommen, der noch nicht im gerechten Maße lebenstätig ist und darum nicht[1] jedem gelesenen Worte alsogleich mit seiner lebendigen geistigen Erkenntnis entgegenkommt und das von außen herein hülsenhaft gelesene Wort mit seinem lebendigen Kern erfüllt und es dadurch erst lebendig und wirksam macht?

21] Daher gilt immer der alte Grundsatz: Seid nicht eitle Hörer, sondern Täter des Wortes, so erst werdet ihr des Göttlichen desselben lebendig in euch bewußt werden!

22] Ich meine, das wird doch auch klar sein; aber da der Mensch, wie schon öfter gesagt, des Lichtes nie genug hat, so wollen wir abermals zu einer von euch gewählten Zentralsonne schreiten.

9. Kapitel

„Da es nun Abend war, kam Er mit den Zwölfen.“
(Markus 14, 17)

Am 4. Januar 1844 abends

1] Setzet daher nur wieder einen Text an, und wir werden schon sehen, wie er für unsere Sache paßt!

2] „Da es nun Abend war, kam Er mit den Zwölfen.“

3] Wir hätten also den Text vor uns, und Ich muß schon wieder die alte Bemerkung machen, daß ihr

[1] ‚darum nicht‘ ist eingefügt.

noch immer nicht einen Text habet finden können, der für unsere Sache nicht auf das allergenaueste taugen möchte. Der vorliegende Text scheint zwar dem Außen nach mit unserer Sache eben keine zu große Gemeinschaft zu haben, aber das ist mitnichten der Fall; im Gegenteil, er hat eben mit unserer Sache die allergrößte Gemeinschaft, und hättet ihr ihn nicht gewählt, so hätte Ich ihn gewählt!

4] „Als es Abend war, kam Er mit den Zwölfen."

5] Wer kam? Der Herr von Ewigkeit kam.

6] Wann denn? Am Abend.

7] Und wohin kam Er denn? — In den von Seinen Jüngern bereiteten Speisesaal.

8] Mit wem? — Mit Seinen erwählten zwölf Aposteln.

9] Was tat Er dann in dem Speisesaal? — Er hielt ein Abendmahl, an welchem sich einige sättigten und einige ärgerten; und zugleich wurde am selben Abend beim Abendmahle der Verräter bezeichnet.

10] Hier liegt einmal das komplette Bild vor euch, und seine Sache ist mit den Händen zu greifen.

11] Was ist der Abend? Er ist ein halblichter Zustand des Tages, bei dem das Licht im fortwährenden Schwinden ist, so lange, bis endlich nicht eine Wirkung der Sonnenstrahlen irgend mehr zu entdecken ist.

12] Wann aber ist beim Menschen ein solcher Abend? — Sicher, in geistiger Hinsicht nämlich betrachtet, dann, wenn er schon sehr viel gelesen und durchstudiert hat, welches viele Lesen und Durchstudieren dem Einfallen der Sonnenstrahlen den ganzen Tag hindurch gleicht. Wie aber diese Sonnenstrahlen in ihrer Erscheinlichkeit naturmäßiger Art sind, so sind auch die Lese- und Studierstrahlen naturmäßiger Art. Die Sonne aber geht am Ende des Tages unter, und es wird dann alsbald darauf Abend und endlich auch Nacht.

13] Also geht es auch mit dem Lese- und Studierlicht; der Leser und Studierer wird endlich müde und verdrießlich, weil er durch all sein Lesen und Studieren sein inneres Licht nicht zu vermehren vermochte, so wenig, wie das Licht der Sonne irgend vermehrt werden kann, sondern es bleibt in seinem gleichmäßigen Verhältnisse. Im Sommer ist es stärker und im Winter schwächer, und das immer im gleich auf- und abnehmenden Verhältnis. Also auch ist das Morgenlicht schwächer; bis gegen den Mittag ist es im Zunehmen, und gegen den Abend hin wird es ebenfalls schwächer.

14] Gerade also geht es auch mit der äußeren Lese- und Studierbildung des Menschen. Wenn er anfängt zu lesen und zu studieren in einer wohlgenährten Bibliothek, so ist bei ihm der Lese- und Studier*morgen*.

15] Wenn er sich im Verlaufe von mehreren Jahren die Augen wund gelesen hat und schon der Meinung ist, Salomos Weisheit mit dem Löffel gefressen zu haben, dann ist bei ihm der *Mittag,* oder auch der Sommer.

16] Er liest dann weiter und studiert, findet aber leider nichts Neues mehr, sondern stößt auf lauter ihm schon bekannte Ideen. Dadurch wird er ermüdet, weil er fürs erste keine neue erquickende Nahrung mehr bekommen kann, und fürs zweite findet er an all den weiteren Lese- und Studierpartien durchaus keine Belege für seine eingesogenen Theorien, sondern nicht selten die gewaltigsten Widerlegungen alles dessen, was er sich mit so großem Eifer und großer Mühe zu eigen gemacht hat.

17] Sein echt vermeintes Gold wird nicht selten zu Blei, und wenn er dieses wenig werte Metall in sich statt des Goldes erkannt hat, da wird er bei sich grämlich und mißmutig, verliert jeden Grund und steht am Ende da wie ein Wanderer auf einer Alpe, wenn ihn dichte Nebel umfangen haben.

18] Sehet, dieser Zustand ist der *Abend* des Menschen; gewöhnlich sagt man: „Wenn beim Menschen alle Stricke gerissen sind, so kriecht er dann zu Kreuze!", — was freilich besser wäre, wenn man sagen möchte: „Das Kreuz kriecht über ihn."

19] Also in der Not fängt dann der Mensch an zu denken, ob an der Lehre Christi wohl etwas sei, und dieser Gedanke gleicht diesem Texte: „Und Er, der Herr nämlich, kam mit den Zwölfen dahin am Abend." Denn der Herr wird hier von dem Bedrängten als der Stifter der Lehre und die Zwölfe als die Lehre selbst verstanden.

20] Wohin kommt Er denn mit den Zwölfen? — In den mit Speise und Trank bereiteten Saal!

21] Wer ist dieser Saal? Der Mensch selbst an seinem Abend. Denn er hat eine Menge Speise und Trank in sich. Aber da Derjenige nicht da ist, für den solche Speise bereitet ist oder sein sollte, so stehen die Speisen so lange da, bis Derjenige kommt, der die Speise segnen und dann genießen möchte; denn ohne Konsumenten ist die Speise vergeblich und hat keinen Wert.

22] So hat auch alle Wissenschaft und Belesenheit keinen Wert, und der Mensch hat vergeblich seinen geistigen Speisesaal und Speisetisch damit bestellt, so Derjenige nicht da ist, der diese Speise segne, dann verzehre und sie in einen den Geist belebenden Saft verkehre.

23] Der Herr aber kommt am Abend mit den Zwölfen, oder der Gründer mit Seiner Lehre, geht in den Saal ein, setzt Sich zu Tische, segnet und verzehrt die Speise. Weil aber die Speise naturmäßiger Art ist, so ist ihre Wirkung gleich der Wirkung *jenes Abendmahls, bei dem der Herr ein wahres lebendiges Abendmahl in den Werken der Liebe einsetzt* — daran sich dann viele Jünger ärgern und sagen: „Was ist das für eine harte Lehre! Wer kann das glauben und befolgen?“ Die Jünger entfernen sich darauf, und bald wird der Verräter bezeichnet.

24] Wer sind denn die Jünger, die sich ärgern und davongehen? Das sind die falschen Begründungen aus all dem Gelesenen und Studierten. Diese werden den Grundsätzen der Lehre Christi als abhold entgegengehalten; dann erhebt sich bald ein allgemeiner Widerspruch, welcher also lautet: „Eine Lehre, die so voll von einzelnen Widersprüchen ist, kann unmöglich göttlichen Ursprungs sein; also ist sie nur ein temporäres[1] seichtes Produkt wissenschaftlich ungebildeter und daher auch notwendig inkonsequenter[2] Menschen, welche irgend in einer rohen Vorzeit auf dem Wege des Eklektizismus[3] irgend etwas mühsam zusammengestoppelt haben, um sich dadurch die arme Menschheit tribut- und zinspflichtig zu machen.“

25] Dadurch wird, wie ihr zu sagen pflegt, das Kind samt dem Bade weggeschüttet, oder der Verräter wird bezeichnet, entfernt sich dann bald und tut das, als was er bezeichnet ward: Er überliefert das Lebendige dem Tode und geht dabei selbst zugrunde, und das ist dann die auf den Abend gefolgte[4] Nacht, oder nun ist alles tot im Menschen.

---

[1] zeitbedingtes; [2] folgewidrig denkender; [3] aus philosophischen Lehren; [4] soviel wie ‚folgende‘.

26] Und also komme Ich im Ernste zu jedermann am Abend mit den Zwölfen, finde den Speisesaal und den Speisetisch besetzt, aber es sind lauter naturmäßige Speisen. Verzehre Ich diese auch, oder billige Ich sie unter dem Bedingnisse[1], daß man diese Speisen in werktätige Liebespeisen umwandeln solle, und sage, daß man solches zu Meinem Gedächtnisse oder in Meinem Namen und nicht im eigenen der Eigenliebe, Eigenehre und des Eigenlobes wegen tun solle, da fangen die Jünger an sich zu ärgern und werden Mir abhold; der Judas sitzt dann bald nackt da, und es dauert gar nicht lange, daß Mir auf dem Wege solchen Verrates das Todesurteil publiziert[2] wird.

27] Daher wartet nicht ab den Abend, sondern rufet Mich lieber am Morgen, da ihr noch vollkräftig und aufnahmefähig seid, und Ich werde dann zu euch kommen und werde zu euch sagen: Geht nicht zu sehr in den Strahlen der Sonne umher, diese ermüden euch und machen euch untätig, sondern stärket euch unter dem kühlenden Schatten des Lebensbaumes, auf daß ihr für den ganzen Tag tatkräftig bleibet! Und werde Ich dann auch am Abend zu euch kommen, so werdet ihr Mich gar wohl erkennen; und wenn Ich euch fragen werde: „Wie ist euer Speisesaal bestellt, habt ihr etwa nichts zu essen, hungert es euch?“, so werdet ihr Mir zwar nur einen geringen und dürftigen Speisevorrat aufzuweisen haben, aber Ich werde ihn segnen und werde Mich mit euch zu dem Tische setzen, an dem kein Verräter mehr Meiner harrt, oder: die wenigen Kenntnisse, die ihr habt, werde Ich zu Zentralsonnen ausdehnen, auf daß ihr daraus des Lichtes in endloser Überfülle haben sollet.

---

[1] Bedingung; [2] bekanntgegeben.

28] Ich meine, der Text: „Und Er kam mit den Zwölfen am Abend dahin ..." dürfte hier wohl überaus klar vor jedermanns Augen stehen und die Sache völlig erschöpfen. Aber dessenungeachtet will Ich Meiner Freigebigkeit noch nicht die Grenze setzen.

10. Kapitel

„Er kam in Sein Eigentum, und die Seinen nahmen Ihn nicht auf." (Johannes 1, 11)
„Pilatus antwortete: ‚Was ich geschrieben, habe ich geschrieben!'" (Johannes 19, 22)

Am 8. Januar 1844 abends

1] Ihr aber könnt, wie früher, wieder einen Text wählen; tut demnach solches frei! —

2] „Er kam in Sein Eigentum; und die Seinen nahmen Ihn nicht auf." — „Pilatus antwortete: ‚Was ich geschrieben, habe ich geschrieben!'"

3] Die Texte sind gut und richtig gewählt und bezeichnen die Sache schon in ihrer ersten Stellung, wie ihr zu sagen pfleget, auf ein Haar.

4] Wer kam in Sein Eigentum, und die Seinen nahmen Ihn nicht auf? Wer der ‚Er' ist, wird hoffentlich bekannt sein; Sein Eigentum sind die Menschen, wie sie sein sollten in der von Mir aus geschaffenen Ordnung, liebtätig nämlich gegen ihre Brüder und voll Ernst der Liebe gegen Gott, ihren Schöpfer.

5] „Aber die Seinen nahmen Ihn nicht auf." — Die Seinen sind, die Er von Anbeginn zumeist für Sich erzogen hatte und hat zu ihnen allzeit gesandt Lehrer und Propheten und hat sie geführt und geleitet wunderbar.

6] Warum nahmen sie Ihn denn nicht auf? — Weil Er sie die wahren Wege der tätigen Liebe zum ewigen Leben lehrte; die Seinen aber waren Freunde der Trägheit, Freunde des Wohllebens und Freunde der Herrschaft und Herrlichkeit, und diese vereinbart sich nicht mit der Lehre von der Demut und der tätigen Liebe.

7] Sie sprachen: „Wir haben Moses und die Propheten, welche wir lesen; was brauchen wir da mehr? Was brauchen wir von dir, der du den Sabbat schändest und gering achtest Moses und die Propheten, indem du ihre Satzungen nicht hältst? Ist es nicht genug, so wir die Schrift lesen und studieren und darüber ellenlange Erklärungen schreiben? Was willst du von uns für eine andere, Gottes würdigere Tätigkeit?

8] Ist Gott nicht ein Geist, dessen Wesen man sich unter keinem Bilde vorstellen soll? Wie sollte man diesen wohl würdiger ehren und preisen, als wenn man Sein Wort, welches Er durch Moses und die Propheten geredet hat, fortwährend von Anfang bis zu Ende liest und dasselbe sich selbst und anderen erklärt, damit Gott in Seinem Wollen stets klarer und klarer begriffen werde?

9] Was machst du aus dir selbst? Wir haben Abraham zum Vater und haben Moses und die Propheten; bist du denn mehr denn diese? Was willst du uns lehren, das uns diese nicht gelehrt hätten?

10] Was ist wohl des Menschen Liebetat vor Gott? Sie ist nichts als ein eitler Gedanke. Der Mensch kann nichts tun; denn in Gott allein wohnt alle Tatkraft. Also bist du ein falscher Lehrer und ein falscher Prophet und bist ein Volksaufwiegler!

11] Wir haben die Schrift vom Alpha bis zum Omega in unserem Kopfe; ist das nicht Tätigkeit genug? Oder sollten wir etwa die Schrift nicht studieren und dadurch gering achten die heilige Gabe, welche uns der Herr Gott Zebaoth durch Moses und die Propheten beschieden hat?

12] Du bist einer, der dem göttlichen Willen widerstrebt und sich dennoch für einen Lehrer und Propheten Gottes ausgibt! Steht es aber nicht geschrieben, daß ein jeder falsche Prophet und Zauberer solle mit dem Feuertode bestraft werden?

13] Dieser gemeine Zimmermannssohn, der kaum zu lesen versteht und ebensowenig etwa imstande ist, seinen Namen zu schreiben, unterfängt sich, uns alten Schriftgelehrten eine Lehre, welche dem Geiste Mosis schnurgerade entgegenstrebt, aufzubürden!“

14] Sehet, das sind eine Menge Entgegnungen, laut welcher Derjenige, der in Sein Eigentum gekommen war, von den Seinigen nicht aufgenommen wurde.

15] Warum? Weil Ihn die Seinigen, wie es auch geschrieben steht, nicht erkannt haben!

16] Warum aber erkannten sie Ihn nicht? Weil sie nur pure Leser und Auswendiglerner, aber nie Täter des Wortes Gottes waren.

17] Auf dieselbe Weise komme Ich auch jetzt fortwährend in Mein Eigentum; aber die Meinen wollen Mich nicht aufnehmen und erkennen, daß Ich es bin!

18] Warum wollen sie denn das nicht? Weil ihnen auch, im besten Falle sogar, das Lesen und Hören, wie auch das Angaffen Meiner Werke lieber ist als eine kleine Tätigkeit nach Meinem Worte. Daher aber wird auch der Geist in Meinem Eigentum, welches das Herz ist, nicht lebendig und erkennt Mich nicht, weil Mich Mein Eigentum nicht lebendig tätig aufnehmen will.

19] Ich aber sage: Alle diese Schriftgelehrten werden

dereinst auch sagen: „Herr! Herr! Wir haben ja in Deinem Namen aus Deinem Worte heraus geweissagt, gepredigt und gelehrt!"

20] Ich aber werde zu ihnen sagen: „Weichet von Mir; Ich habe euch noch nie erkannt! Wer euch zu Lehrern und Weisen gedungen hat, zu dem gehet auch hin, damit euch euer Lohn werde! Ich kam wohl zu euch und habe bei euch an die Türe Meines Eigentums geklopft; aber niemand von euch sprach: ‚Komme herein, und belebe unsren Geist, auf daß wir tätig und kräftig werden möchten nach Deinem Worte!' *Ihr begnügtet euch mit den Schätzen eures Kopfes; aber Meine Scheuern in eurem Herzen habt ihr leer gelassen* und habt all Mein Eigentum in euch verwirkt. Daher möget ihr nun ‚Herr! Herr!' schreien, wie ihr wollt, so mag Ich euch aber dennoch nicht erkennen; denn die Meinen erkenne Ich an Meinem Eigentum in ihnen. Ihr aber habt kein Eigentum aus Mir in euch; darum mag Ich euch auch nicht erkennen!"

21] Pilatus bekannte Mich auch auf diese Weise: Er heftete das Zeugnis seines Bekenntnisses über den schmählich Getöteten, während er früher den Lebendigen geißeln und ans Kreuz heften ließ. Sein Bekenntnis steht auch geschrieben, und zwar über dem Haupte des Gekreuzigten zum Zeugnisse für alle die, welche das Bekenntnis Gottes wohl in ihrem Kopfe, aber keines in ihrem Herzen tragen. Über ihrer Stirne steht es wohl geschrieben: „JESUS NAZARENUS, REX JUDAEORUM", und sie beharren auch auf dieser Inschrift, welche soviel sagt als: „Herr! Herr!"; aber im Herzen ist keine Inschrift, welche da sagen möchte: „O Herr, sei mir armem Sünder gnädig und barmherzig!" „Vater unser" ist im Kopfe; aber „Lieber Vater" ist nicht im Herzen.

22] Pilatus beharrte wohl auf seiner Inschrift und wollte keine andere hinaufsetzen; denn er sprach selbst: „Was geschrieben ist, das ist geschrieben!" Warum erwies er aber dem Lebendigen früher nicht die Ehre wie hernach dem Toten?

23] Der Grund liegt in dem, warum auch alle die Gelehrten lieber bei ihren Kopfbegründungen und der daraus hervorgehenden toten Verehrung verbleiben, als nur in die geringste lebendige Tat der wahren Liebe eingehen wollen. Denn sie sind Zwielichtler, welche glauben oder vielmehr der Meinung sind: „Ist an der Sache etwas, so wollen wir durch unser Bekenntnis ihr nicht in den Weg treten; ist aber an der Sache nichts, so haben wir so oder so dadurch nichts verloren. Denn bringt man dem eine Ehre, das da irgend sein soll, so gewinnt man, wenn ‚es' ist, und verliert nichts, wenn ‚es' nicht ist.

24] Desgleichen dachte auch Pilatus: „Ist der Gekreuzigte ein höheres Wesen, so habe ich ihm meine Ehre bezeigt; ist er es aber nicht, so bin ich auch gerechtfertigt; denn in dem Falle dient meine Inschrift als ein amtliches Pasquill[1], aus dem jeder ersehen kann, aus welchem Grunde dieser hier gekreuzigt ward."

25] Meinet ihr, daß bei Mir der erste Grund gelten wird, so es mit dem zweiten seine geweisten Wege hat? — Ich sage euch: Da wird es vorzüglich darauf ankommen, daß diejenigen, die so zu Mir „Herr! Herr!" rufen, von Mir sicher nicht angehört, erkannt und angenommen werden. Denn das Bekenntnis des Kopfes wird niemand dem ewigen Leben auch nur um ein Haar näher bringen; denn *wer zu Mir will, der*

[1] Schmähschrift.

muß Mich vorher durch die lebendige Liebe in sich aufnehmen, und seine eigene Liebe zu Mir wird es ihm sagen, daß Ich bin und zu ihm komme und ihm gebe das ewige Leben.

26] Niemand aber kann das lieben, das nicht ist; wohl aber kann er in seinem Kopfe über alles Nicht-Seiende verschiedene Phantome aufstellen, und also auch Mich Selbst darunter. Aber da bin Ich nicht, und da wird Mich auch nie jemand finden und wird nie zur lebendigen Überzeugung von Mir und vom ewigen Leben gelangen; denn da hänge Ich tot unter der Inschrift Pilati!

27] *Nur wer da ein Täter wird sein Meines Wortes, der wird an Meinem Grabe, da er den Toten suchte, mit der Flamme seines Herzens den Auferstandenen und den ewig Lebendigen finden!*

28] Ich meine, das dürfte doch auch wieder klar sein; aber darum nächstens dennoch um eine Zentralsonne weiter.

11. KAPITEL

„Da warf er sein Gewand ab, sprang auf und kam zu Ihm." (Markus 10, 50)

Am 9. Januar 1844 abends

1] Wenn ihr gewählt habet, so schreibet nur geschwinde nieder den gewählten Text.

2] „Da warf er (Bartimäus) sein Gewand ab, sprang auf und kam zu Ihm."

3] Ihr habt einen überaus passenden Text gewählt; dieser Text sollte allen, die auf dieser Welt blind sind, zu einem mächtigen Leitfaden dienen, auf daß sie täten, wie dieser Blinde getan hat, um zu bekommen das wahre Licht der Augen des Geistes.

4] Warum warf denn der Blinde das Gewand weg? Er hätte ja mit dem Gewande auch zum Herrn hineilen können, als ihn dieser gerufen hatte. Der Blinde war klug, er wußte und berechnete es wohl, daß ihm das schwere Außengewand im schnellen Zuge zum Herrn hin hinderlich sein würde. Darum warf er behende das schwere Gewand weg und entledigte sich dadurch des Hinderungsmittels, welches seinen Gang schwerfällig gemacht hätte, — und der Vorteil war, daß er dadurch um so schneller zum Herrn gelangte und von Ihm das Licht seiner Augen wiederbekam.

5] Wer ist denn so ganz eigentlich dieser Blinde? Dieser Blinde ist ein gelehrter Weltmensch, *der aber das Gute hat, daß er seiner Blindheit gewahr ist, und zugleich das Gute hat, daß er weiß, wer ihn von seiner Blindheit heilen kann.*

6] Es sitzen gar viele solche Blinde an den Wegen, und gar viele tappen in allen Ecken herum. Aber die am Wege sitzen, die schlafen ein, ganz berauscht vom Opiumtrank ihrer Gelehrtheit, und träumen dann also, als ob sie sehen möchten. Diese wissen in der Betäubung ihres gelehrten Traumes nicht, wann der Herr Seinen Weg bei ihnen vorüberzieht, und wissen auch nicht, daß sie blind sind; daher rufen sie auch nicht: „Sohn Davids, hilf mir!"

7] Andere aber, die in allen Winkeln herumtappen und wohl zur Hälfte Den suchen, der sie sehend machen könnte, entfernen sich vom Wege; und wenn der Sohn Davids vorüberzieht, sind sie nicht da und versäumen durch ihr dummes Suchen den Augenblick, wo der Sohn Davids den Weg nach Jericho zieht; daher rufen auch sie nicht und bleiben in ihrer Blindheit.

8] Was ist denn dieser Weg? Dieser ‚Weg' ist die prüfende Bahn durch diese Welt; und ‚Jericho' ist der endliche Stapelplatz für die, welche diesen Weg zurückgelegt haben, oder mit anderen Worten: es ist zunächst die Geisterwelt.

9] Unser Blinder scheute nicht die ihn bedrohenden Jünger, denn er wußte gar wohl, *daß der Herr mächtiger und barmherziger ist als Seine Jünger,* die ihn bedroht hatten; daher aber erhörte ihn der Herr auch, und als Er ihn rief, so warf er sogar das letzte Hinderungsmittel von sich, nämlich seinen Rock, um ja so schnell und so sicher als möglich zu Dem zu gelangen, der ihn gerufen hatte.

10] Dieser Blinde ist also ein rechtes Muster, und Ich sage euch: Tut ihr alle desgleichen, die ihr ebenfalls Blinde am Wege seid! Harret des Herrn am Wege, und so Er vorüberzieht, da lasset euch nicht abschrecken von der Welt, sondern rufet zu Ihm in eurem Herzen, daß Er Sich euer erbarme und euch das Licht des ewigen Lebens gebe. *Und wahrlich, Er wird Sich euer erbarmen und wird euch geben, um was ihr gerufen habt!*

11] Der Blinde warf sein Gewand weg. Was ist das Gewand? Es ist die Welt, wie auch alle die Belesenheit und Gelehrtheit des äußeren Verstandes. Werfet diese hinweg, so Ich euch doch tagtäglich rufe, auf daß sie euch nicht hindern im Gange zu Mir!

12] Wäre es aber von dem Blinden klug gewesen, so er sich bei der Gelegenheit, da Ich ihn gerufen hatte, in noch mehr Röcke eingepanzert hätte? Fürwahr, diese hätten ihn am Ende also beschwert, daß er sich nicht hätte vom Boden erheben können und dann noch weniger schnellen Schrittes hineilen zu Dem, der ihn gerufen hatte.

13] Wenn Ich euch aber täglich rufe, also wie Ich den Blinden gerufen habe, wäre es da klug, so ihr euch dazu mit allen möglichen Röcken und Mänteln weltlicher Gelehrtheit bekleiden wolltet? Sicher wäre das die größte Torheit! Werfet vielmehr lieber alles hinweg, und eilet in eurem Herzen zu Mir, *und Ich werde euch die Augen öffnen und werde euch sehend machen in eurem Geiste lebendig,* auf daß ihr dann mit einem Blick mehr ausrichten werdet, als so ihr in eurer Blindheit Tausende von Jahren herumtappen möchtet!

14] Was nützt dem Blinden sein phantastisches Augenlicht im Traume? Wenn er erwacht, so ist er dennoch also blind, und blinder noch wie zuvor.

15] Was nützt einem alles Gewand von noch so tiefer und schwerer gelehrter Weisheit? Es beschwert ihn, daß er sich nimmer erheben mag, so er gerufen wird zum Empfange des lebendigen Lichtes.

16] *Der Geist des Menschen hat ja ohnehin alles in sich; er bedarf nichts weiter als der Öffnung seiner Augen, um zu schauen die endlose Lebenswunderfülle in sich selbst.*

17] Was gewinnt aber dadurch der Geist, so der Mensch mit lauter toten Hülsen und Schatten sein Gedächtnis und seinen Verstand anfüllt? Nichts; sondern er verliert noch dabei und wird in ein Chaos von äußerer Rinde, von den Hülsen und allerlei Schatten eingepanzert, daß er ja nicht leichtlich je zu einer Freiheit und noch weniger zum Empfange des lebendigen Lichtes seiner Augen gelangen kann.

18] Nehmet an, ihr hättet die ganze Bibel auswendig in eurem Kopfe; ein anderer hat nur ein paar Verse sich zu eigen gemacht, hat aber sein Leben streng danach eingerichtet. Bei diesem werden die zwei Verse lebendig und machen frei seinen Geist; bei euch aber liegt die ganze Schrift tot, und ihr versteht auch nicht einen Vers lebendig.

19] Was ist nun besser: die zwei lebenstätigen Verslein, oder der ganze Buchstabenwust der Heiligen Schrift, davon aber auch nicht ein einziger Vers ins Leben aufgenommen ward? Sicher werden hier die zwei lebenstätigen Verse besser sein!

20] Man wird hier etwa sagen: „So jemand mehr weiß, da kann er ja auch desto mehr in seine lebendige Tätigkeit aufnehmen!" Ich aber sage: Der Mensch ist Mein Werk, und darum weiß Ich es am besten, was ihm frommt.

21] Nehmt einen Schüler — Ich setze den Fall, in der Musik —, leget ihm gleich beim Anfange eine ganze große Schule vor, und laßt ihn mit allen Kapiteln derselben zugleich anfangen. Saget, was wird aus dem? Sicher nichts! Denn er wird vor der Masse ermüden und bald das ganze Studium an den Nagel hängen.

22] Nehmet aber eine kleine Schule, und fanget bei der ersten Skala an, und lasset ihn diese wohl einüben. Wenn er mit leichter Mühe die erste Skala recht bald fertig durchspielen wird können, wird das nicht mehr sein als der erste Versuch mit der ganzen Schule auf einmal?

23] Daher sage Ich zu euch: Werfet weg das überflüssige Gewand; machet klein die Schule, und ihr werdet gleich dem Blinden am Wege euch desto leichter erheben und desto schnelleren Schrittes dahin eilen, wohin Ich euch jetzt, wie tagtäglich, rufe.

24] Fürwahr, ihr möget alle Bibliotheken der Welt

zusammenlesen, so werdet ihr darob vor Mir um kein Haar besser stehen und mehr wissen, als so ihr nie etwas gelesen hättet. Warum denn? Weil ihr, wenn ihr von Mir das Licht erhalten wollt, das alles müsset fahren lassen; denn das alles ist nichts als leeres Hülsenwerk und leeres Stroh, welches fürs Feuer bestimmt ist.

25] Schaffet ihr dieses leere Hülsen- und Strohwerk nicht aus euch, bevor Mein Liebeflammenlicht zu euch kommt, so wird dieses Feuer das Strohwerk ergreifen, und es wird da zu einem verzweifelten Brande in euch kommen. Schaffet ihr aber zuvor all diesen Quark hinaus und werfet weg das eiteldumme Gewand, — *und wenn da Mein Feuerlicht in euch kommen wird,* so wird es keinen Brand verursachen, sondern es wird euch sogleich lieblich durchwärmen und erleuchten euren ganzen Geist, — also wie auch der Blinde am Wege im Augenblick sehend ward, als er zu Mir kam.

26] Ich meine, dieses Bild kann unmöglich klarer und deutlicher gegeben werden; aber es muß, wie alle früheren, ins Leben aufgenommen sein, wenn es eine lebendige Leuchte abgeben soll. Solange das nicht der Fall ist, werdet ihr es wohl beifällig lesen und dann sagen: „Das ist wirklich recht schön!" Und Ich kann dazu dann nichts anderes sagen als: Das ist wirklich recht dumm von euch; denn solange ihr Meinen lebendigen Ruf für nichts weiter als nur für recht schön findet, da baut ihr Häuser auf dem Sande, und Mein lebendiger Same fällt bei euch auf den Weg und wird leicht zertreten werden und wird keine Frucht bringen.

27] Wenn ihr aber das sogleich lebendig in euch aufnehmet und tuet danach, so seid ihr klug; denn da baut ihr das Haus auf den Felsen, und Mein Same fällt in gutes Erdreich.

28] *Mir liegt wenig daran, ob ihr diese Meine Worte schön oder nicht schön findet; aber es liegt Mir alles daran, daß ihr danach handelt; denn nicht der Bewunderung wegen, sondern eures eigenen Heiles willen gebe Ich sie euch.*

29] Solches sei von euch wohl erwogen; denn sonst wird es euch keinen Nutzen bringen! — Nächstens wieder um eine Zentralsonne weiter!

12. Kapitel

„Fürchte dich nicht, Paulus! Du mußt vor den Kaiser gestellt werden; und siehe, Gott hat dir geschenkt alle, die mit dir im Schiffe sind." (Apostelgeschichte 27,24)

Am 10. Januar 1844 abends

1] Schreibet nur nieder, was ihr habt!

2] „Und (der Engel Gottes) sprach: ‚Fürchte dich nicht, Paulus! Du mußt vor den Kaiser gestellt werden; und siehe, Gott hat dir geschenkt alle, die mit dir im Schiffe sind.'"

3] Ihr habt den Text gewählt, — freilich diesmal keine Zentral-, sondern nur eine Nebensonne; denn die Zentralsonnen sind nur in den Propheten und in den vier Evangelisten, insoweit sie eben nur die vier Evangelien beschreiben. Was außer dem ist, ist mehr historische Gelegenheitssache und betrifft weniger die Allgemeinheit, sondern vielmehr diejenige enger gefaßte Sphäre, in welcher der historische Teil vor sich ging.

4] Und so ist eben der gewählte Text, obschon von

einem Engel gesprochen, eine Botschaft an den Paulus, bei dem er dann auch in der Geltung als völlig abgeschlossen erscheint, und ist demnach, wie ihr leicht begreifen könnt, keine Zentral-, sondern nur eine Neben- oder Planetarsonne.

5] Aber dessenungeachtet hat er dennoch in sich selbst Geistiges und somit auch weit um sich Leuchtendes; denn es ist ein großer Unterschied, ob da ein Engel *aus dem Herrn* spricht oder handelt, oder wenn der Herr Selbst *aus Sich Selbst* spricht oder handelt.

6] Solches war notwendig voraus zu erinnern, damit ihr des Herrn Worte und des Herrn Handlungen vor den Worten und Handlungen der Engel und Apostel zu würdigen und klar zu unterscheiden vermöget. Und da ihr nun solches wißt, so wollen wir sehen, was und wieviel des allgemeinen Lichtes in dem angeführten Texte für unsere Sache vorhanden ist.

7] „Fürchte dich nicht, Paulus", spricht der Engel, „denn du mußt dem Kaiser vorgestellt werden!" besagt soviel als: „Du Täter des Wortes des Herrn, fürchte dich nicht; denn der Herr will es, daß dich die Welt erkenne in deinem Tun. Und wird dich die Welt erkennen, so wird sie dir nachfolgen!" Und in dieser Nachfolge besteht die versprochene Dotation[1] derjenigen Männer, die mit Paulus im Schiffe sind. Denn sie besagt, daß eben diese Männer ebenso, wie Paulus selbst, nicht nur Hörer, sondern wahre Täter des Wortes Gottes werden werden.

8] Aus dieser kurzen Darstellung geht dann auch klar hervor, daß der Herr dem Paulus dadurch nicht hat andeuten wollen, als hätte er etwa darum sollen dem Kaiser vorgestellt werden, um vor ihm entweder

---

[1] Geschenk.

einen berühmten Redner oder einen Schauspieler zu machen, oder daß ihm der Herr die Männer des Schiffes darum zu einem Geschenk gemacht habe, damit Paulus aus ihnen eine Redner- oder Schauspielertruppe hätte gestalten sollen, welche sich dann unter seiner Direktion etwa vor dem Kaiser Roms produzieren sollte.

9] Der Herr hat dem Paulus also zu keinem weltschimmernden Zwecke seine Schiffsgenossen geschenkt und hat sie auch sicher nicht etwa zu Leibeigenen des Paulus gemacht, sondern das Geschenk bestand darin, daß der Herr die Herzen der Schiffsgenossen Pauli erwärmte durch ein neu angefachtes Liebefeuer, durch welches sie dann die kurze Lehre Pauli verstanden und alsbald danach tätig wurden.

10] Also in der lebendigen Nachfolge des Beispiels Pauli von seiten seiner Schiffsgenossenschaft bestand das Geschenk des Herrn an den Paulus; und also mußte Paulus auch nicht als ein gelehrter Philosoph und Zungenkünstler dem Kaiser vorgestellt werden, sondern als ein Täter des Guten, und zwar unter dem Zeugnisse der ganzen Schiffsmannschaft, welche durch die tatkräftige Weisheit Pauli zum Wohle Roms, wie des Kaisers, ist vor dem Untergang bewahrt worden.

11] Aus diesem könnt ihr nun noch klarer erschauen, daß es da, bei Mir nämlich, weder auf Viel-Worte-Machen noch auf allerlei nichtige zeremonielle Spektakel ankommt, um irgend zum wahren Lichte zu gelangen, sondern allein auf das Tun nach Meinem Worte. Denn käme es auf viele Worte an, so hätte der zu Paulus gesandte Engel gut drei Tage lang reden können; *aber er sprach nur weniges, und Paulus tat darauf vieles*. Und das war besser, als wenn der Engel zu Paulus vieles geredet, Paulus aber darauf sehr weniges getan hätte.

12] Bei Mir geht es nicht also zu wie bei euren Advokaten auf der Welt, die viel schreiben und auch viel reden, und wenn am Ende viel geschrieben und geredet ward, so kommt dann als Tat alles dessen für den Klienten ganz spottwenig heraus.

13] Und auch geht es bei Mir nicht also wie bei euren Predigern auf der Welt, die allzeit von der Kanzel eine komplette Stunde lang allerlei Zeug herabschreien; wenn aber die Predigt fertig ist, gehen sie selbst also von der Kanzel, daß sie hernach nicht mit einem Finger das tatsächlich anrühren, was sie gepredigt haben, und neun Zehntel der Zuhörer gehen aus dem Bethaus, ohne sich nur drei Worte von der ganzen Predigt gemerkt zu haben, und ein Zehntel der Zuhörer, die sich etwas von der Predigt gemerkt haben, spricht am Ende: „Heute hat er wieder recht schön gepredigt!"

14] Wenn aber einige Schritte außerhalb des Bethauses ihm ein armer, dürftiger Mensch begegnet und ihn um ein Almosen anspricht, so bekommt er als Frucht einer so schönen Predigt, wenn es gut geht, etwa gar einen kupfernen Kreuzer, welchen der Geber nicht selten mit ärgerlicher Mühe aus einem ganzen Sack voll besserer Münzen hervorsucht; oder der Angeredete spricht zum armen Almosenfleher: „Helf Gott! Ein anderes Mal; heute habe ich nichts Kleines bei mir!"

15] Seht, aus diesen aus dem Leben gegriffenen Beispielen wird etwa doch klar genug hervorgehen, wie schandmäßig klein und gering die Handlung auf eine so ungeheure Predigt folgt. Wäre es nicht besser, wenn die Predigt in wenigen Worten bestünde, nach diesen Worten aber dann der Prediger selbst seinen Zuhörern mit einer tatsächlichen Predigt als Muster gleich dem Paulus vorangehen möchte, welches Beispiel eine große Anzahl von seinen Zuhörern zur gleichen Tätigkeit anfachen würde, auf daß Ich zu dem Prediger dann ebenfalls sagen könnte: „Siehe, alle die hier in diesem Hause sind, habe Ich dir geschenkt, weil du sie durch deine Tat zu Tätern Meines Wortes gemacht hast."

16] Es steht freilich wohl geschrieben, daß man Wohltaten im Verborgenen üben soll. Das ist auch richtig und wahr. Wenn es sich bloß um die Unterstützung handelt, dann auch soll die Tat verborgen bleiben; aber wenn die Tat eine *Lehre* sein soll, dann darf ihr Licht nicht unter einen Scheffel gestellt sein, sondern da ist es notwendig, daß Paulus dem Kaiser vorgestellt werde. Und wer da lehrt durch die Tat, dem sollen auch die geschenkt sein, die er durch seine Tat erweckt hat!

17] So aber jemand nur durch Beredung zu einer guten Tat bewogen hat, dann bleibt es auch gewöhnlich nur bei der beredeten Tat; und soll da eine zweite ausgeübt werden, so gehört dazu ebenfalls wieder eine ellenlange Rede, wovon ihr in den vielen Wohltätigkeitsaufrufen die sprechendsten Beispiele findet.

18] So in irgendeiner Zeitung ein privilegierter Marktschreier, gewöhnlich laut eines amtlichen Ansuchens, einen solchen Wohltätigkeitsaufruf ergehen läßt, da tun dann viele etwas, damit ihre Namen allenfalls auch in der Zeitung bekanntgemacht werden und allenfalls die nächsten öffentlichen Behörden solche Wohltäter in eine gute Note nehmen, — aber aus wirklicher Liebe tut keiner etwas. Und ist der Aufruf einmal verklungen, da kräht kein Hahn mehr nach denjenigen Dürftigen, für die der Aufruf galt.

19] Sollen etwa solche Wohltäter dann auch dem Aufrufmacher zum Geschenke werden? O nein! Die gehen ihn so wenig an als euch der Mittelpunkt derjenigen Sonne, die eher vergehen wird, als bis ihr Licht auf eurer Erde anlangen wird.

20] Ich meine, das Licht dieser ‚Nebensonne' wird auch klar genug sein; wer es benutzt, wird mit einer Zentralsonne belohnt. Wir aber wollen dieser Klarheit ungeachtet dennoch abermals zu einer anderen Zentralsonne schreiten!

13. KAPITEL

„Gleich aber wie da waren die Tage Noahs, so wird auch sein die Ankunft des Menschensohnes."
(Matthäus 24, 37)

Am 11. Januar 1844 abends

1] Schreibet nur nieder, was ihr habt!

2] „Gleich aber wie da waren die Tage Noahs, so wird auch sein die Ankunft des Menschensohnes."

3] Ihr habt den Text angesetzt und schon wieder den rechten getroffen; nur liegt die Sache in diesem Texte zu offenkundig vor Augen, oder: diese Zentralsonne steht außerordentlich nahe, so daß es im Ernste wunderlich ist, wenn ihr selbst dieselbe nicht auf den ersten Augenblick erschauet, — besonders aus dem Grunde um so wunderlicher, da ihr die Zeit Noahs nun schon beinahe ganz aufgedeckt vor euch habt.

4] Ihr wisset ja, wie ebenfalls zu den Zeiten Noahs

die Völker der Tiefe sich in allerlei Literatur und Wissenschaft geworfen haben. Ein euch bekannter König der Tiefe war ein großer Schriftsteller. Seinem Beispiel folgten Tausende, und in kurzer Zeit war die damalige Welt mit einer Unzahl von Büchern und Schriften überschwemmt.

5] Je mehr diese Literatur überhandnahm, je mehr die Menschen lasen und studierten, desto kälter wurden sie in ihren Herzen, — aber zugleich desto raffinierter zur Erfindung aller erdenklichen Bosheit.

6] Man fing durch die Politik die Menschen zu fangen an, und bald scheute man kein Mittel mehr, wenn es noch so himmelschreiend war, um durch dasselbe irgendeinen eitlen, vorgesteckten herrschsüchtigen Zweck zu erreichen. Man kam am Ende so weit, daß man die Menschen allein nach dem Golde schätzte; wer solches nicht besaß, ward zum Sklaven, ja zum förmlichen Lasttier bestimmt, und man trieb in dieser Weise die Greuelszenen so weit, daß Mir endlich alle Geduld brechen mußte und Ich die Erde nur durch ein allgemeines Gericht vor dem Untergang bewahren konnte.

7] Also standen — wie euch ziemlich bekannt — die Sachen zu Noahs Zeiten. Wie stehen sie denn jetzt?

8] Ich habe euch schon vor einer längeren Zeit in den sogenannten ‚Zwölf Stunden' gezeigt, wie die Sachen stehen. Wenn Ich euch nun wieder eine neue solche Enthüllung machen würde, da würdet ihr sehr bedeutende Fortschritte der Weltpolitik und der Grausamkeit entdecken; und Ich sage euch: Es fehlt gar nicht mehr viel, daß ihr völlig in die Zeiten Noahs kommen werdet, wo man am Ende sogar gläserne Häuser bauen mußte, damit die Männer der abgefeimtesten Politik allzeit ohne große Schwierigkeit beobachten konnten, was die Untertanen taten.

9] Doch es bedarf der gläsernen Häuser nicht; die geheime Politik ist auch in eurer Zeit so weit gediehen, daß sie nicht ein Mittel unversucht läßt, um dadurch ihren herrschsüchtigen Zweck zu erreichen. Würdet ihr eingeweiht sein in die Geheimnisse so mancher Staaten, fürwahr, ihr würdet über Hals und Kopf schreien: „Herr, so schlage doch einmal zu! Denn ärger kann es ja doch in der tiefsten Hölle nicht zugehen als da!"

10] Ich aber will euch nicht einweihen in solche Geheimnisse; denn so ihr nur ein kleines Augenmerk auf die Früchte hinwerfet, so kann es euch nicht entgehen, mit der größten Bestimmtheit zu erschauen, wessen Geistes Kinder solche Propheten sind, die so herrliche Früchte zum Vorschein bringen. Und worin liegt von allem dem der Grund?

11] Gehen wir in dasjenige Königreich, welches vom Meer umflossen ist. In diesem Königreich findet ihr Bibliotheken und Zeitschriften in einer solchen Menge, daß man mit den Blättern Europa und Asien dreimal belegen könnte, und nirgends wird so viel gelesen wie in diesem Königreich; aber auch nicht leichtlich findet ihr irgendwo eine größere Gefühllosigkeit und gänzliche Verhärtung der Herzen als in eben diesem Königreich! Mit der größten Gleichgültigkeit von der Welt kann da ein vom Golde strotzender, vielbelesener und gelehrter Großer tausend arme, wehklagende, brot- und dachlose Menschen vor seinem Palaste des Hungertodes sterben sehen, ohne im geringsten etwa dazu bewegt zu werden, auch nur einem von den vielen Sterbenden ein Stück Brot zu reichen.

12] Frage: Ist das nicht eine herrliche Frucht der

großen Belesenheit und nicht selten tiefer mathematischer und mechanischer Weisheit?

13] Ist es nicht herrlich, wenn man sich durch derlei mathematische und mechanische Weisheit arbeitende Maschinen erbauen kann, durch welche Tausende armer Menschen mit einem Schlage brotlos und dem Hungertode preisgegeben werden?

14] Ist es nicht herrlich, Eisenbahnen zu errichten, durch welche fürs erste eine Menge Fuhrleute und andere Handwerksarbeiter um ihren Verdienst kommen, und fürs zweite durch ebendiese Prachtstraßen dem Landmann so viele Grundstücke zerstört werden, daß er nachher bald genötigt ist, den Bettelstab zu ergreifen? Und welch ein anderer großer Nutzen sieht erst fürs dritte heraus: dieser besteht darin, daß auf solchen Wegen aller Luxus und alle Industrie desselben um so schneller befördert werden kann, damit die arme Menschheit ja desto geschwinder leiblich wie geistig zugrunde gerichtet wird und die Herzen der Reichen baldmöglichst so fest werden wie die Straßen, auf denen sie miteinander durch Handel, Wechsel und Trug konversieren[1].

15] Sind das nicht herrliche Früchte großer Belesenheit und daraus hervorgehender Gelehrtheit?

16] Heißt man nicht den einen gescheiten Mann, der sich seinen Verstand zu Geld machen kann?

17] Eben darum aber, weil der Verstand so viel Geld einträgt, ist die Liebe ganz außer Kurs gekommen, und die Tätigkeit nach ihr kennt man beinahe nicht mehr. Denn man hat ja Maschinen genug, die aus dem Verstande heraus tätig sind; wozu der Menschenhände?

---

[1] miteinander verkehren.

18] Denn Menschenhände könnten durch ihre Tätigkeit ja etwa gar in einem oder dem andern großen Geschäftsmann Liebe zu seinen Arbeitern erwecken. Um sich dieser Gefahr nicht auszusetzen, lasse man ja fleißig Maschinen errichten; denn diese arbeiten viel geschwinder und nehmen nie das Herz des Besitzers in Anspruch, sondern höchstens dann und wann, wenn zufälligerweise an ihnen etwas beschädigt wird, den Verstand, der das Beschädigte wieder allenfalls auf dem Wege einer Minuendo-Lizitation[1] ausbessern läßt.

19] Saget, ob es nicht bei euch buchstäblich also geht?

20] Das Betteln ist untersagt; aber das Maschinenbauen wird mit Prämien belohnt. Was denn hernach mit den Armen? Oh, da wird ja auch gesorgt! Es gibt ja eine Menge Armenhäuser und Armenväter; es werden Sammlungen angestellt und werden Theater und Bälle gegeben. Dadurch ist für die Armen schon so gut gesorgt, daß die ersteren zu Halbarrestanten werden, und die zweiten, noch Freien, bekommen monatlich eine so erstaunliche Summe, daß sie sich mit derselben höchstens an einem Tage einmal halbwegs satt essen könnten. Wieviel aus der Armenkasse so ein Armer bekommt, brauche Ich euch nicht bekanntzugeben; das wißt ihr hoffentlich selbst.

21] Stellet aber neben solcher Beteilung das menschliche Bedürfnis auf und das Verbot zu betteln, so wird es euch sicher klar, wie ‚vortrefflich' für jene Arme gesorgt ist, die noch glücklicherweise aus irgendeinem solchen Fonds beteiligt sind. Was aber bleibt für diejenigen übrig, die bei den Armenvätern noch kein Gehör gefunden haben!?

---

[1] Lohnkürzung.

22] Seht, was das für herrliche Früchte der Literatur, der Belesenheit und der großen Kultur des Verstandes sind!

23] Wäre es denn nicht besser, weniger zu lesen und zu lernen? Und das bestehe darin, daß man wisse, was die Pflicht eines Menschen, ja gar eines Christen sei!

24] Wäre es, wie gesagt, nicht besser, nach solcher wenigen, aber nützlichen Wissenschaft vollauf tätig zu sein und dadurch die wahre Pflicht eines Menschen zu erfüllen, als die Zeit seines ganzen Lebens hindurch zu lesen und zu schreiben, aber die Tätigkeit nach Meinem Worte gänzlich zu vergessen?

25] Ich sprach es: „Seid nicht eitle Hörer, sondern Täter des Wortes!" Wo aber sind diese Täter nun? Sind es etwa die Maschinen- und Luxusfabrikanten? Oder sind es die Eisenbahndirektoren und Unternehmer? Sind es etwa die Industrieritter oder die Zuckerplantageninhaber in Amerika? Oder ist es etwa die geld-, gold- und herrschsüchtige Geistlichkeit? Fürwahr, Ich bin doch gewiß mit überaus weitsehenden und scharfen Augen versehen — und bin genötigt, Mir ebenfalls stark vergrößernde Fernrohre zu kreieren[1], um mit denselben die Täter Meines Wortes auf der Erde aufzusuchen. Bei trillionenmaliger Vergrößerung geht es Mir noch schlecht; denn da zeigt sich die Zahl noch so klein, daß Ich sie fürwahr noch nicht recht ausnehmen kann, ob sie ein Tausender, ein Hunderter, ein Zehner oder gar eine Null ist.

26] Ich habe daher *jetzt* ein viel größeres Fernrohr in der Arbeit! Ihr werdet sicher verstehen, was Ich damit sagen will, indem ihr selbst ein wenig daran arbeitet; eine ganze Zentralsonnenscheibe soll zum

[1] schaffen.

Objektive dienen. Durch dieses will Ich die Zahl der Täter Meines Wortes genau beschauen. Sollte etwa für die ganze Erde sich ein reiner Zehner darstellen, so will Ich Mein Gericht noch auf tausend Jahre verschieben; wenn aber die Zahl unter Zehn steht, so werde Ich Meine Geduld bis zu einem großen allgemeinen Gericht auf die Zahl der Täter Meines Wortes beschränken, — das heißt für jeden Täter ein Jahr.

27] Man wird freilich sagen: „Herr! Es gibt ja noch recht viele wohltätige Menschen!"; Ich aber sage darauf: „Ja, es gibt recht viele einhunderttausendstel, einzehntausendstel und eintausendstel, wohl auch einhundertstel Täter Meines Wortes. Wenn Ich sie aber zusammenaddiere, so wird kaum *einer* daraus!"

28] Wieso aber? Was ist der, so er Hunderttausende besitzt und gibt davon an die Armen jährlich höchstens den zehntausendsten Teil seines Vermögens und kennt aber dennoch Mein Wort, das Ich zu dem reichen Jüngling gesprochen habe? Frage: Ist ein solcher mehr als ein Zehntausendstel-Täter Meines Wortes? Wahrlich, nach solchen frage Ich nicht; diese werden sich in Meinem Fernrohre auch nicht ausnehmen, sondern nur die Ganzen!

29] Zu Noahs Zeiten hatte Ich ebenfalls einen solchen Tubus aufgerichtet; und da Ich nicht mehr fand als acht alleinige Täter Meines Wortes, so ließ Ich das Gericht ergehen. — Ich fürchte nun, ob Ich bei der gegenwärtigen Beschauung die Zahl Noahs treffen werde, und das aus dem Grunde, weil die Politik und die Industrie diesmal schon einen bei weitem höheren Gipfel erreicht hat als zu den Zeiten Noahs; und was die allenthalben vorkommende Grausamkeit betrifft, so steht Hanoch nicht um ein Haar vor! Nehmt nur die ‚Zwölf Stunden' zur Hand und vergleichet!

30] Also ist es jetzt, wie es zu den Zeiten Noahs war, eine reife Frucht der Literatur und der großen Belesenheit. Daraus aber wird auch klar, daß das Heil des Menschen nie vom Viellesen und Vielhören, sondern vom Tun nach dem Gesetze der Liebe abhängt!

31] Ich meine, das dürfte auch klar sein; aber darum nächstens doch eine Zentralsonne mehr wegen der Vergrößerung des Objektivglases auf Meinem Fernrohre!

14. Kapitel

„Wenn sie euch da sagen: ‚Siehe, Er ist in der Wüste!‘, so gehet nicht hinaus, — ‚Siehe, Er ist in der Kammer!‘, so glaubet es nicht!“ (Matthäus 24, 26) — „Wo ein Aas ist, da werden sich sammeln die Adler.“ (Matthäus 24, 28)

Am 12. Januar 1844 abends

1] Schreibet nur hin, was ihr habt!

2] „Wenn sie euch da sagen: ‚Siehe, Er ist in der Wüste!‘, so gehet nicht hinaus, — ‚Siehe, Er ist in den Kammern!‘, so glaubet es nicht!“ — „Wo ein Aas ist, da werden sich sammeln die Adler.“

3] Ihr habt gerade wieder solche Texte gewählt, die das, was wir für unsere Sache brauchen, als ein offenes Schild gerade auf der Nase tragen. Es wäre wirklich hoch zu verwundern, wenn ihr das sogar mit dem bloßen Verstande nicht auf den ersten Blick recht tüchtig wahrnehmen solltet.

4] Was ist denn eine Wüste? Eine Wüste ist ein Boden, da kein Leben ist. Was ist denn aber eine geistige Wüste? Sicher nichts anderes als ebenfalls ein Feld oder ein Boden, auf welchem Ich nicht wandle und daher auch niemals anzutreffen bin.

5] Wo ist aber dieses Feld oder dieser Boden, auf den so häufig hinausgegangen wird, um allda zu finden die Wahrheit und den Grund des Lebens? — Es ist dieser Boden und dieses Feld nichts anderes als die gesamte Literatur! Und demnach könnte dieser Text auch also heißen:

6] „Wenn man zu euch sagen wird: ‚Siehe, die wahre Weisheit, die lebendige Wahrheit ist in den Büchern; leset sie, und ihr werdet sie finden!', da sage Ich dann darauf: ‚Gehet nicht hinaus in diese Wüste; denn da ist weder Weisheit noch die innere, lebendige Wahrheit zu finden!', sondern Ich sage: *‚Gehet in die Liebe zu Mir und zu eurem Nächsten; suchet in der Tat Mein Reich, so wird euch alles andere in der höchsten Überfülle hinzugegeben werden!'*"

7] Ich meine, über diesen Text bedarf es wohl keiner weiteren Erklärung mehr, indem seine Bedeutung nur zu sehr mit den Händen zu greifen ist. So leicht aber der erste Text ist, ebenso leicht ist auch der zweite, demzufolge niemand glauben soll, daß Ich in den Kammern sei, wenn man das von Mir aussagt.

8] Was sind denn diese ‚Kammern'? — Kammern sind in naturmäßiger Sphäre geheime Gemächer, in denen nicht leichtlich etwas Offenkundiges zum Vorschein kommt. Gewöhnlich sind sie die Werkstätten mehr oder weniger politischer Falschmünzerei. So hat auch ein jeder Mensch ein paar Herzkammern und weiß nie, was in ihnen vorgeht. Nun wüßten wir so ziemlich die naturmäßige Bedeutung einer Kammer. Selbst eine sogenannte Rumpelkammer enthält gewöhnlich Gegenstände, die von der Öffentlichkeit abgesperrt sind; und der Besitzer von einer solchen

Rumpelkammer weiß oft selbst kaum, was alles für unnützes Zeug in ihr der Vermoderung und dem Schimmel übergeben ist.

9] Was aber ist nach solchem naturmäßigen Vorbild eine geistige Kammer? Ich brauche euch dafür keine eigene Erklärung zu geben, sondern euch bloß einige solcher Kammern anzuführen, und ihr werdet auf der Stelle auf ein Haar wissen, wie ihr damit daran seid. Diese geistigen Kammern heißen: allerlei Konfessionen, Sekten, klösterliche Vereine, Konklaven, allerlei Mystizismen, Konzilien, Konsistorien. Wir haben genug; denn ihr könnt euch selbst noch eine Menge derlei Vereine, Kongregationen und Brüderschaften hinzudenken. Diese passen alle hierher.

10] Demnach könnte der Text so heißen: „Wenn man euch sagen wird: ‚Das Reich Gottes oder die lebendige Wahrheit oder die reine Lehre Christi ist in dieser oder jener Konfession oder Sekte‘, usw., oder: ‚Das ist die alleinseligmachende Kammer!‘, so glaubet es nicht; denn der Herr ist nur bei denen, die Ihn lieben im Herzen und in Werken!“

11] Wo zwei oder drei in Meinem Namen oder in Meiner Liebe (es versteht sich von selbst) tätig beisammen sind, da bin Ich mitten unter ihnen; aber da sicher nicht, wo man sich statt über Mein Wort und Meine Liebe nur über weltliche, militärische und Geldangelegenheiten beratet, — wo diejenigen, die sich Meine Priester nennen, auch Festungsbau, Maschinenwesen und Eisenbahnen projektieren.

12] Auch hier, meine Ich wieder, daß der Text so klar gegeben ist, daß ihn wohl auch jedermann mit den Händen greifen kann, wie er genau für unsere Sache paßt, in der es ebenfalls nicht genügt, daß man nur in ihr Geheimnis eingeht wie in eine Kammer, sondern daß man danach tätig ist.

13] Das ist alles richtig. Wir haben aber noch einen dritten Text. Wie werden wir diesen hierherbringen, daß er auch passe für unsere Sache? Das wird noch leichter gehen, als wie mit den zwei früheren!

14] „Wo ein Aas ist, da sammeln sich die Adler."

15] Wer ist denn das ‚Aas' nun auf dieser Welt, vor dem sie sich ihre Nüstern verstopft und es sie ekelt, wenn man von diesem Aase spricht? Dieses Aas habe Ich leider die Ehre Selbst zu sein!

16] Wer sind denn die freilich wohl etwas selten gewordenen ‚Adler'? — Das sind die wenigen *ganzen* Liebhaber Dessen, der euch hier dieses kundgibt! Diese wenigen Liebhaber haben ein scharfes Gesicht und eine scharfe Nase; oder sie haben ein *tiefes lebendiges Gefühl* und demzufolge eine *untrügliche Urteilskraft,* was zusammengenommen ist der *lebendige Glaube.*

17] Warum versammeln sich denn die Adler, wo ein Aas ist? Weil ihnen ihr Instinktgefühl sagt: „Da gibt's für uns eine lebendige Kost!" Darum fliegen sie denn auch hin und sättigen sich zur Übergenüge.

18] Also wissen es auch Meine wahrhaftigen Verehrer und Liebhaber, daß Ich *ein wahres Brot des ewigen Lebens bin,* und *dieses Brot ist Meine Liebe; diese genießen sie in vollen Zügen und ernähren sich dadurch zu einem Leben, das ewig nimmer von ihnen genommen wird.*

19] Also weiß es der Hungrige, daß er essen muß vom wahren Brote, wenn er gesättigt werden will. Wird er aber auch satt, so ihr ihm statt des Brotes ein Kochbuch zu lesen geben möchtet?

20] Oder was würde ein Adler in kurzer Zeit für ein Gesicht machen, so ihr ihn fangen und dann einsperren möchtet in eine Rumpelkammer? Wird er sich wohl sättigen an den verschimmelten und vermoderten Gegenständen? Sicher nicht; er wird darin schwach werden und der Tod wird über ihn kommen!

21] Also gehet auch ihr nicht in die Kammern, darinnen wohl ein Aas des Todes, ein Aas Balaams, ein Aas des Heiden- und Götzentums modert, sondern flieget mit den Adlern hinauf in die Höhe, und ihr werdet leicht gewahr, wo das Aas ist, das euch Leben bringt!

22] Die Höhe ist die reine Erkenntnis Meines Wortes, und das Aas ist das lebendige Wort, das der Welt zum Ekel geworden ist, und die Welt es flieht wie die Pest, wo sie dasselbe wittert. Wollt ihr das erfahren, so fangt nur an, mit einem Weltmenschen, Nummer eins, über die Bibel und dann, Nummer zwei, gar über die Möglichkeit eines inneren, lebendigen Wortes aus Mir zu reden, so wird er euch im besten Falle fürs Narrenhaus zeitig finden; oder wenn es etwas schlimmer geht, so wird er euch sogleich als staatsgefährliche Narren publik machen, und es wird bei euch hoch an der Zeit sein, sich aus seiner Sphäre zu begeben.

23] Aus dem aber geht doch etwa klar hervor, wer nun das ‚Aas' ist und wer die ‚Adler', und was die ‚Kammern', und was die ‚Wüste'!

24] Gehet daher auch ihr weder in die Wüste noch in die Kammern, sondern suchet in der Freiheit eures Geistes das Aas, so werdet ihr das wahre Leben finden!

25] Ich meine, das wird auch wieder klar sein; aber darum dennoch das nächste Mal wieder um eine Zentralsonne weiter!

15. KAPITEL

„Und sie führten das Füllen zu Jesus und legten ihre Kleider über dasselbe, und Er setzte Sich darauf.“ (Matthäus 21, 7)

Am 13. Januar 1844 abends

1] Schreibet nur, wie gewöhnlich, euren Text nieder!

2] „Und sie führten das Füllen zu Jesus und legten ihre Kleider über dasselbe, und Er setzte Sich darauf.“

3] Kurz, aber gut ist der Text; den können wir gerade sehr gut gebrauchen, — denn er zeigt im lebendig-klaren Bild, mit beiden Händen zugleich begreiflich, was da für unsere Sache taugt.

4] Sie führten die Eselin zu Ihm hin, belegten dieselbe mit ihren Kleidern, und dann erst setzte Sich der Herr auf die Eselin.

5] Die Eselin war angebunden, als die Jünger sie fanden, und war noch das Eigentum eines Menschen in der Welt. Was will das sagen? Solches bezeichnet die gebundene Einfalt, Demut und Liebe, welche noch von der Welt gebunden ist, oder den Geist im Menschen, der noch nicht frei gemacht ward, obschon er seiner demütigen und liebevollen Beschaffenheit wegen völlig zum Herrn gewendet ist und somit *seine ganze Bestimmung in und für den Herrn* ist. Da aber der Herr sieht einen solchen Geist, da sendet Er alsbald Seine Diener hin, daß sie ihn frei machen und hinführen zum Herrn, und die Welt hat alsbald alles scheinbare Recht und alle Macht auf den verloren, zu dem der Herr spricht: „Ich bedarf seiner!“

6] Warum ist es denn aber eine Eselin und kein

Esel? Weil das Weiblein hier noch schärfer die tiefste Demut bezeichnet und die fruchtbare Liebe als das Männlein.

7] Nun befindet sich die Eselin beim Herrn; und die Jünger bedecken sie mit ihren Kleidern. — Dieses bezeichnet, wie die wahre Demut und fruchtbare Liebe, sobald sie zum Herrn gelangt ist, sogleich mit der wahren Weisheit bekleidet wird. Denn Kleider bezeichnen die Weisheit in ihrer Nutzwirkung. Je einfacher sie sind, einen desto höheren Grad der Weisheit aus dem Herrn bezeichnen sie auch; denn die alleinige Liebe und Demut ist nackt.

8] Wenn darüber[1] sehr ausgezeichnete und prachtvolle Kleider kommen, so bezeichnet das, wie die Weisheit größer und stärker ist als die Liebe, darum auch zum Beispiel die Engelsgeister in dem Weisheitshimmel mit übergroßer Pracht bekleidet sind; aber die Engelsgeister des höchsten Himmels, die pur Liebe zum Herrn sind, erscheinen höchst dürftig bekleidet, ja manchmal ganz nackt, besonders wenn ihre Liebe zum Herrn den möglich höchsten Grad erreicht hat.

9] Also bezeichnen auch hier die dürftigen Kleider der Jünger, mit denen die Eselin bedeckt ward, die reine göttliche Weisheit, und wenn solche fruchtbare Liebe aus ihrer Demut heraus mit solcher rein göttlichen Weisheit bekleidet wird, dann erst ist sie vollkommen tauglich, den Herrn aufzunehmen und zu tragen, und ist mit dem Herrn dann auch völlig eins.

10] Solche fruchtbare Liebe, mit der Weisheit bekleidet, trägt den Herrn; der Herr aber leitet sie Selbst, damit sie unmöglich je irgendeinen Fehltritt

[1] nämlich über die alleinige Liebe und Demut.

machen kann, und der Ritt geht dann schnurgerade auf die Stadt Gottes zu, welche bezeichnet das ewige Reich Gottes oder das wahre ewige Leben! — Hier ist das Bild und seine Bedeutung.

11] Man wird sagen: „Es ist alles richtig dargestellt; aber also, wie es da ist, sehen wir noch nicht recht ein, wie es für unsere Sache taugen sollte!"

12] Ich aber sage: Wenn das Licht einmal da ist, möget ihr es stellen, wohin ihr wollt, und es paßt überall also hin, als wenn es schon von Ewigkeit für diesen Punkt bestimmt wäre.

13] Versuchet das nur einmal mit einer Kerze, so sie brennt! Stellt sie auf verschiedene Punkte in eurem Zimmer, und sie wird nirgends wie fremd und unheimlich erscheinen, sondern sie wird überall recht freundlich hinpassen.

14] Also wechseln ja auch die verschiedenen Sterne am Firmament wenigstens scheinbar für euer Auge fortwährend den früheren Platz; könnt ihr aber sagen, ob sich etwa der Orion im Aufgang oder im Mittag oder im Abend des Firmaments besser ausnimmt? Wo er steht, da erscheint er schon auch auf seinem eigentümlichsten Platze. Ebenso nimmt sich auch die Sonne überall gleich herrlich aus; und wo ihr Licht hinfällt, da verrichtet sie den gleichen Dienst.

15] Gerade aber also verhält es sich auch mit dem hell angefachten Lichte unseres Textes. Ihr könnt dasselbe hinsetzen, wohin ihr wollt, so wird es überall gar herrlich also genau passen, als wäre es alleinig dafür gegeben. Ob es nun auch für unsere Sache paßt, wollen wir sogleich einen Versuch machen; und wir werden es hinzustellen, und es wird sich allda also ausnehmen, als wäre es einzig und allein dafür gegeben. Und so höret denn; wir wollen's versuchen!

16] Frage: Hätte der Herr Sich nicht ebensogut können ein Pferd oder wenigstens einen wohl zugerittenen Esel statt der Eselin bringen lassen? Sicher! Jedes Tier hätte dem Herrn in diesem Falle unwiderstehlich denselben Dienst leisten müssen. Ein Löwe, ein Tiger, ein Panther, ein Kamel, ein Elefant, ein Pferd, ein Maulesel, alles das wäre fürs erste viel stärker gewesen und hätte dem Herrn der Unendlichkeit, dem allmächtigen Schöpfer aller Dinge, auf einen Wink gehorchen müssen; und dazu wäre ein solcher Ritt doch offenbar ansehnlicher gewesen als der auf einer schwachen Eselin.

17] Das wäre allerdings wahr, bloß ad hominem[1] genommen; aber ad Dominum[2] verhält sich die Sache anders. — Derjenige, der die Grundordnung und Grundbedeutung aller Dinge ist, handelte nicht wie ein Mensch, dem es so oder so gleich ist, sondern bei Ihm war alles in der allerunverrückbarsten Ordnung vorbildend und für die Ewigkeit belehrend.

18] Diese kräftigeren Tiere bezeichnen zumeist Erkenntnisse und Weisheit für sich; aber es fehlt ihnen das Fruchtbare der Liebe und die Demut derselben in ihrer tiefsten Einfalt.

19] Hätte der Herr ein solches Tier gewählt, so hätte Er dadurch tatsächlich angezeigt, daß sich der Mensch nur vorzüglich auf die Bereicherung der Wissenschaften, auf alle möglichen Erkenntnisse und auf alle Weisheit daraus werfen solle. Ja, Er hätte ihm dadurch angezeigt, daß er alle Bibliotheken der Welt oder wenigstens soviel als möglich durchstudieren solle; allein der Herr wußte, was Er tat, und es blieb

[1] bei einem Menschen, d. h. wenn es sich nur um einen Menschen gehandelt hätte; [2] beim Herrn.

hier derjenige Grundsatz feststehend, den der Herr schon im Anfange aufgestellt hat, indem Er sprach: „Sobald du vom Baume der Erkenntnis[1] essen wirst, wirst du sterben!“

20] Aber eben dadurch, daß der Herr eine mit dürftigen Kleidern bedeckte Eselin ritt, zeigte der Herr bildlich und tatsächlich allen Menschen an, daß sie geistig dasselbe tun sollten und allein auf die fruchtbare wahre Liebe aus ihrer Demut heraus halten sollten; dann wird sie der Herr frei machen von aller Welt und wird sie mit Kleidern der wahren Weisheit bekleiden, und Er Selbst wird sie also führen, wie sie Ihn trägt, solche Liebe nämlich, in ihrem Herzen und auf dem Rücken ihrer Demut.

21] Aber nicht Pferde, Elefanten, Kamele, Löwen, Panther und Tiger soll der Mensch reiten; oder auf deutsch[2]: Nicht nach Erkenntnissen und nach Gelehrtheit und Weisheit soll der Mensch jagen — denn das alles ist Frucht des Erkenntnisbaumes —, sondern *in der wahren Liebe und Demut soll der Mensch des Herrn harren!* Und wenn es zur rechten Zeit sein wird, wird der Herr kommen und wird ihn frei machen und wird segnen dann den Baum der Erkenntnis; oder die Eselin wird mit den Kleidern belegt, und der Mensch wird dann von diesem gesegneten Baume alle Frucht der wahren Weisheit für Ewigkeiten genießen können.

22] Nun frage Ich, ob das Licht dieses Textes für unsere Sache paßt oder nicht! — Ich meine, die Sache ist mit Händen zu greifen; aber darum dennoch nächstens um eine Zentralsonne weiter!

---

[1] d. h. in seinem noch ungesegneten Zustand; [2] gedeutet.

16. KAPITEL

„Jesus spricht: ‚Hebet den Stein ab!' Es spricht zu Ihm Martha, die Schwester des Gestorbenen: ‚Herr, er riecht schon; denn er liegt vier Tage!'"
(Johannes 11, 39)

Am 15. Januar 1844 abends

1] Schreibet die Zentralsonne nur hin, wie gewöhnlich!

2] „Jesus spricht: ‚Hebet den Stein ab!' Es spricht zu Ihm Martha, die Schwester des Gestorbenen: ‚Herr, er riecht schon; denn er liegt vier Tage!'"

3] Wenn ihr immer so leichte Texte wählet, deren Verständnis auf den ersten Augenblick mit den Händen zu greifen ist, so kann Ich euch darüber nicht allzeit zehn volle Seiten vorsagen; denn dieser Text hat schon in seiner ersten Stellung vollkommen dasselbe in sich, was Ich euch durch den Verlauf dieses ganzen Nachtrages fortwährend handgreiflichst kundgebe.

4] Auch zu euch sage Ich: Hebet den Todesstein der Welt vom Grabe eurer Liebe hinweg! Oder auf deutsch gesagt[1]: Trachtet nicht dadurch das Leben zu erreichen, daß ihr euch durch allerlei Bereicherungen des Verstandes aus der Gelehrtheit der Welt versehet, sondern hebet diesen Stein hinweg, auf daß, so Ich zu eurem Grabe komme, Meine lebendige Stimme ungehindert in euer Grab dringe und erwecke vom Tode euren gefesselten und gebundenen Lazarus, welcher da ist euer Geist, gebunden und geknebelt von noch so manchen Banden der Welt!

5] Es tritt wohl auch da die ‚Martha' zu Mir, die

[1] in der Entsprechung.

weltbekümmerte Vernunft nämlich, und spricht: „Herr, er liegt schon vier Tage im Grabe und riecht bereits übel!“; Ich aber werde dennoch, um die Herrlichkeit Gottes zu zeigen, auch den schon vier Tage im Grabe Modernden zu einem neuen Leben erwecken, so nur der Stein hinweggewälzt sein wird.

6] Also aber, wie die Martha spricht, spricht — wie schon bemerkt — auch des Menschen törichte Vernunft und sagt: „Ja, was sollen wir da tun? In unserem Knabenalter, dann als Jünglinge, darauf als Männer und auch sogar als Greise haben wir uns fortwährend mit der Welt beschäftigt; unser Geist liegt also diese vier Lebenstage hindurch im Grabe der Welt, gebunden mit ihren Banden, und riecht übel von allen Sünden, die wir diese vier Tage hindurch begangen haben!

7] Wird der Herr wohl soviel Barmherzigkeit haben, daß Er uns darob offenbarlich wunderbar erweckete zum Leben? Wie können wir solches von dem Allerheiligsten erwarten, gegen dessen Gebote wir so oft gesündigt haben und haben es durch diese Sünde so weit gebracht, daß unser Geist also abgestorben ist, daß wir nicht einmal mehr wissen, ob wir einen Geist haben, und was er ist, ja nicht einmal mehr ganz vollkommen, ob in unserem Leibe eine lebendige Seele vorhanden ist oder nicht?

8] Und haben wir auch einen lebendigen Geist und eine lebendige Seele, so ist aber doch sicher der Geist, wie die Seele, zu sehr in die Masse unseres Fleisches begraben und zu sehr gebunden mit dessen Banden, als daß wir je erwarten könnten, daß der Herr, der über alles Heilige, Sich so tief herablassen möchte, um diesen Lazarus in uns mit der Allmacht Seiner Stimme wieder zu erwecken und ihn dann seiner ewigen Bestimmung zuzuführen. Zudem können wir uns auch nicht leichtlich so völlig von der Welt losmachen, als daß wir solches vom Herrn erwarten könnten.

9] Dagegen aber sage Ich: Ich rufe nicht und sage: „Setzet euch gänzlich außer allen zu eurer zeitlichen Existenz notwendigen Verkehr mit der Welt!"; denn dergleichen habe Ich ja Selbst nicht getan, als Ich auf der Welt war. Ich Selbst habe in der Welt gearbeitet und habe der Welt gar viele und gute Dienste mit Meinen eigenen Händen getan. Und so sage Ich zu euch niemals: „Habet mit der Welt vollkommen nichts zu tun!"; aber das sage Ich euch:

10] Den Stein, ja den schweren Stein hebet hinweg von eurem Lazarusgrabe, und ihr sollet alsbald in euch der Herrlichkeit Gottes gewahr werden! Nur geöffnet muß das Grab sein, und es werden sodann die in den Gräbern sind, Meine Stimme vernehmen und werden erweckt werden!

11] Aber solange ihr den Stein nicht vom Grabe hebet, so lange seid ihr zu sehr Gefangene des Todes, und Ich kann schreien gleich einem Nachtwächter, und dennoch mag Mich euer Lazarus nicht vernehmen; denn durch den Stein dringt der Liebe Stimme nicht, weil der Stein in sich selbst das wahrhaftige Symbol aller Lieblosigkeit ist. Ein Stein kann nur durch die Stimme Meines Grimmes zertrümmert und vernichtet werden; aber Meine Liebe bedient Sich nicht eines Steines vor dem Munde statt einer Posaune.

12] Solch ein Stein ist eure weltgelehrte Verstandesbegründung; sie ist fest und schwer, und es gehört viel Kraftanstrengung dazu, um sie vom Grabe wegzuheben. Aber alles dessen ungeachtet muß sie dennoch hinweg, sonst dringt Meine erweckende Stimme nicht zum toten Lazarus in euch.

13] Der Stein verhindert wohl, daß die Nüstern der Welt den üblen Geruch des modernden Lazarus in euch überkommen; Ich aber sage: Wohl dem, bei dem der Stein vom Grabe gewälzt wird und dann seine Weltnüstern vom Übelgeruche des modernden Lazarus berührt werden; denn wo solches nicht vor sich gehen wird, wo der Mensch nach hinweggehobenem Steine in seinem Weltlichen nicht erschaudert in einer wahren Reue darüber, wie sein Lazarus bestellt ist, da wird Mein erweckender Ruf nicht in das Grab zu dem modernden Lazarus dringen, ihn erwecken und ihm dann lösen lassen die Bande des Todes!

14] Ich meine, klarer kann man darüber wohl nimmer sprechen, und ihr habt damit zur vollkommensten Beleuchtung dieser großwichtigen Hauptsache auch mehr als ein hinreichend mächtiges Licht erhalten.

15] Es hängt nun ganz von euch ab, danach zu handeln. Werdet ihr danach handeln, so werdet ihr auch die lebendige Überzeugung überkommen, daß diese Veroffenbarung nicht aus dem Munde eines Menschen, sondern aus Meinem eigenen kommt. Werdet ihr es aber nur lesen wie ein anderes Weltbuch, dann wird es für euch auch nur ein Weltbuch und wie ein Werk eines Menschen sein!

16] Und mit diesen Worten schließe Ich auch diese Meine große Gabe an euch. Wollt ihr aber jedoch als außerordentlichen Nachtrag noch mehr solcher Leuchten, so überlasse Ich das eurer Liebe und eurem Begehren; Ich aber werde allzeit der freundliche Geber sein. Amen.

17. KAPITEL

„Mußte nicht Christus solches leiden und so eingehen in Seine Herrlichkeit?“ (Lukas 24, 26)

Am 17. Januar 1844 abends

1] „Mußte nicht Christus solches leiden und so eingehen in Seine Herrlichkeit?“

2] In diesem oben angesetzten Texte liegt ja wieder gar augenscheinlichst, daß die Herrlichkeit des ewigen Lebens nicht durch große Belesenheit und Gelehrtheit, sondern lediglich durch die Tat der Liebe erreicht werden kann.

3] Man wird hier freilich sagen: „Christus war ja ohnehin das ewige Leben Selbst und besaß in Sich alle Herrlichkeit desselben; warum mußte Er denn hernach leiden, um in diese Herrlichkeit einzugehen?“

4] Ich aber sage: Christus war nur ein Mensch und mußte Sich als erstes Grundvorbild die vollkommene Herrlichkeit Gottes erst durch Seine Taten vollkommen zu eigen machen. Und hätte Er dieses nicht getan, so wäre es um die ganze Schöpfung geschehen gewesen; denn in Ihm erst ward Vater und Sohn wieder Eins oder — was dasselbe ist — die göttliche Liebe und die göttliche Weisheit. Denn zuvor hatte sich die Liebe abgezogen von der Weisheit, weil die Weisheit in ihrer Heiligkeit sich zu unerreichbar allerhöchst aufgestellt hatte, und ihre Forderungen waren über alle Erfüllungsmöglichkeit gestellt.

5] Aber die Weisheit war öde ohne die innigste Vereinigung mit Ihrer Liebe; wie konnte sich aber jene mit der Liebe wieder vereinigen? Sie mußte in dem Menschen Jesus die von ihr gestellten Aussöhnungsbedingungen selbst erfüllen; sie mußte sich demütigen bis auf den kleinsten Punkt, und dadurch erst ward sie vollkommen wieder Eins mit ihrer Liebe, welche der ,Vater' ist.

6] Darum verschmähte denn auch Christus, als Selbst die ewige, allmächtige Grundweisheit des Vaters, alle Weisheit der Weisen der Welt; und alle Schriftgelehrten mußten Ihm ein Greuel sein, so ihre Taten nicht aus dem Grunde des Lebens der Schrift gemäß waren.

7] Er als die ewige Weisheit des Vaters mußte Werke der Liebe tun und lehren die Menschen das alleinige Gesetz der Liebe; ja, Er mußte am Ende Sich von der Weisheit der gelehrten Priester gefangennehmen und kreuzigen lassen und mußte auf diese Weise als das urewige Licht des Vaters oder der Liebe die größte Schmach und an Sich Selbst die größte Verfinsterung erleiden, — darum Er denn auch ausrief: „Vater! Warum hast Du Mich verlassen?"

8] Daß aber Er als das urewige Licht der ganzen Unendlichkeit in Sich Selbst eine gänzliche Verfinsterung erdulden mußte, beweist jener bisher noch von niemandem verstandene Augenblick, in welchem nach dem Verscheiden Christi am Kreuz eine vollkommene Verfinsterung der ganzen unendlichen Schöpfung eintrat und das Licht nicht nur der Erdsonne, sondern aller Sonnen in der ganzen Unendlichkeit auf eine Zeit von drei Stunden erlosch!

9] Und es war dieser Verfinsterungsmoment auch gleich dem, von dem ihr wißt, daß in ihm die Seele Christi nach dem Tode in die Hölle hinabstieg, um da die Geister, welche in der alten Weisheit gefangen waren, zu erlösen und sie zu führen an *das neue Licht,* welches aus der Wiedervereinigung des Sohnes mit dem Vater alle Unendlichkeit zu erfüllen anfing.

10] Christus mußte daher das alte Gesetz der Weisheit in Sich Selbst bis auf ein Häkchen erfüllen, um dadurch alle Irrungen wider dieselbe vor dem Angesichte des Vaters zu sühnen; oder es mußte alle Weisheit gekreuzigt werden, damit dadurch die Liebe des Vaters gerechtfertigt ward.

11] Nun, das tat also Gott Selbst; was wollet denn dann ihr tun? Meinet ihr wohl, daß ihr durch die Rechtfertigung eurer Weisheit in die Herrlichkeit des ewigen Lebens eingehen werdet?

12] Wenn Christus als die göttliche Weisheit Selbst Werke der Liebe tun und lebendigst predigen mußte und alle Seine Weisheit kreuzigen und in die größte Finsternis übergehen lassen mußte, um dadurch vollkommen wieder einzugehen in die Herrlichkeit des Vaters, welcher die getrennte Liebe in Christus Selbst war, so werden doch auch die Menschen ebenfalls diesen Weg wandeln müssen und werden Christus nachfolgen müssen, so sie mit Ihm in die Herrlichkeit Seiner väterlichen Liebe eingehen wollen.

13] In der Urkirche der Welt hieß es: „Ihr Menschen könnt nur durch die Liebe Gottes gelangen zu der sonst unerreichbaren göttlichen Weisheit!“ Mit Christus aber heißt es: „Nun bin Ich als die göttliche Weisheit Selbst, als der Weg und das Leben die Tür zur Liebe oder zum Vater. Wer nun zum Vater will, der muß durch Mich eingehen!“

14] Wie aber? Etwa durch die Weisheit, weil Christus als die Tür die göttliche Weisheit Selbst ist? — O nein! Denn eben diese Weisheit ließ Sich demütigen bis auf das letzte Atom. Sie als die unantastbare Heiligkeit Gottes stieg unter alle Sünder tief herab; diejenige Weisheit, die ehedem kein allervollkommenster Engelsgeist in Ihrem Grundlichte ansehen durfte, ging jetzt mit Sündern um und speiste unter ihrem Dache und mußte Sich am Ende von heidnischen Kriegsknechten und Schergen ans Kreuz schlagen lassen!

15] Aus dieser endlosen Demütigung der göttlichen Weisheit Selbst aber geht doch mehr als sonnenklar hervor, daß da niemand etwa mit seiner aufgeblasenen Weisheit in die Herrlichkeit des ewigen Lebens gelangen wird. Niemandem werden seine durchstudierten Bücher und Schriften zu Stufen in das Himmelreich werden, sondern allein seine wahre Demut und die wahre werktätige lebendige Liebe zum Vater.

16] In Christus ging alle urgöttliche Weisheit in die Liebe zum Vater über; dadurch ward aus Sohn und Vater Eins. Desgleichen muß es aber auch bei dem Menschen der Fall sein. Bevor er nicht in seinem hochmütigen Verstande und in allen Begehrungen desselben, welche auf allerlei Ehrungen hinauslaufen, bis auf den letzten Tropfen gedemütigt wird, — ja, bevor er nicht alles der Liebe zu Füßen legen wird und darum erleiden wird eine kurze Verfinsterung aller seiner weltlichen Weisheit, wird er wahrlich nicht in die Herrlichkeit des Vaters eingehen.

17] Christus mußte solches leiden und tun, um in die Herrlichkeit des Vaters einzugehen; also muß es auch ein jeder Mensch tun und muß Christus lebendig nachfolgen, wenn er in die Herrlichkeit des Vaters eingehen will.

18] Christus aber hatte nicht auf Hochschulen studiert, um dadurch als ein hochgelehrter Weiser in die Herrlichkeit des Vaters einzugehen, sondern Seine Schule hieß: *Demut und werktätige Liebe!* Wenn aber Christus mit dieser Schule voranging, wie wollet denn ihr mit einer anderen ins Reich Gottes gelangen?

19] Ich meine, mehr hierüber wäre wohl unnötig; denn aus der tiefsten Weisheit ist dieses sonnenklar erläutert. Tuet daher desgleichen, so werdet ihr leben! Amen.

18. Kapitel

„Wenn Ich aber durch den Finger Gottes die Teufel austreibe, so ist ja das Reich Gottes zu euch gekommen!" (Lukas 11, 20)

Am 18. Januar 1844 abends

1] „Wenn Ich aber durch den Finger Gottes die Teufel austreibe, so ist ja das Reich Gottes zu euch gekommen!"

2] Dieser Text besagt gerade das, was Ich immer zu euch rede. Was ist der ‚Finger Gottes', was der ‚Teufel' und seine Austreibung, und was das ‚Reich Gottes', das zu euch kommt? Was bezeigt der Finger überhaupt?

3] Der Finger bezeigt die Tätigkeit im kleinen, wie die Hand die Tätigkeit im großen. Der ‚Teufel' ist die Welt, welche durch die kleine Tätigkeit der Liebe von den Menschen weichen soll. Das zu euch kommende Reich Gottes ist *das Gnadenlicht der Liebe* und die damit verbundene Gabe des ewigen Lebens.

4] Also bezeigt hier der Finger Gottes Meine liebsorgliche Tätigkeit im Sonderheitlichen bei euch Menschen, und die Gaben, die Ich euch gebe, rühren von Meinem Finger. Denn wenn Ich sagen würde: „Ich treibe bei euch die Teufel aus mit Meiner Hand!", so hieße das soviel als: „Ich sende über euch ein allgemeines Gericht, wie es zu den Zeiten Noahs der Fall war!“ Ich aber treibe nur mit dem Finger die Welt aus euch, und so empfanget ihr kein Gericht, sondern ein Gnadenlicht nur.

5] „Ich treibe mit Meinem Finger die Welt aus euch“, heißt auch soviel als: Ich suche diejenigen auf, die besseren Geistes sind, aber dennoch in weltlicher Bedrängnis leben. Diese rühre Ich mit Meinem Finger an, auf daß ihnen Mein inneres Gnadenlicht werde.

6] In diesem Gnadenlichte zeige Ich, was ihr zu tun habet und wie Leichtes und wie Geringes, um das ewige Leben zu erlangen und einzunehmen das Reich Gottes, wie es also in diesem Gnadenlichte lebendig zu euch kommt; und das besagt ebenfalls soviel als, daß Ich von euch nur eine kleine Tätigkeit, also keine Tätigkeit der Hand, sondern nur die eines Fingers verlange, welche in nichts anderem besteht als in dem nur, daß ihr Mich lieben sollet mehr als die Welt und sollet Gutes tun nach euren Kräften euren Brüdern und Schwestern.

7] Würde Ich eine große Tätigkeit verlangen, so müßtet ihr das tun, was einst die Apostel tun mußten, nämlich alles in der Welt verlassen und am Ende sogar den Kreuzestod schmecken.

8] Also nur mit dem Finger treibe Ich bei euch die Welt hinaus, und euch kommt das schon viel vor! Was würdet ihr denn sagen, wenn Ich Meine Hand aufheben möchte? Wieviel erlasse Ich euch, und dennoch kommt euch das viel vor, was Ich von euch verlange.

9] Ich sage zu euch: Machet euch durchaus keine Mühe der Welt wegen; denn sie ist derselben nicht wert! Warum stopfet ihr denn eure Köpfe mühsam mit allerlei weltgelehrtem Dreck an, so Ich euch das Gold des Lebens in Überfülle biete und geben will, so ihr die Welt lasset und Mich in eurem Herzen erfasset?

10] Was möchtet ihr denn zu einem Menschen sagen, welcher in seinem Garten einen Fruchtbaum hatte? Die Frucht dieses Baumes war reif, und der Mensch hätte sie leicht mit einer geringen Ausstreckung seiner Hand erreicht, und mit einem Finger angerührt, wäre sie in seiner Hand gewesen.

11] Was tat aber der törichte Mensch, um diese Frucht bequemer erreichen zu können und dadurch gewisserart zu zeigen, welch großen Wert er auf diese reife Frucht setze? Er ließ ein Fundament graben und unter der Frucht vom Fundamente aus einen Stufenaltar mauern, um auf demselben dann ganz bequem die reife Frucht zu erreichen. Der Altar ward fertiggemacht nach etlichen Wochen; aber unterdessen war die Frucht am Baum faul geworden, und so empfing er nach Vollendung seiner großen, törichten Mühe statt einer frischen und lebendigen eine faule und somit tote Frucht vom Baum.

12] Diesem törichten Menschen gleichen alle diejenigen, welche in der großen Gelehrtheit das Reich der Wahrheit suchen, welches mit einer geringen Erhebung des Herzens zu Mir so leicht und lebendig zu erreichen wäre. Solche Gelehrte machen und graben Fundamente über Fundamente und bauen dann aus denselben heraus mühsame und kostspielige Stufenaltäre, und sind sie mit denselben fertig geworden, so haben sie für all ihre Mühe und Arbeit nichts als eine tote und faule Frucht erreicht, welche weder für die Welt, noch viel weniger aber für den Geist irgendeinen Wert hat. Für die Welt nicht, weil diese sagt: „Wozu solche Unkosten und so viel Mühe wegen so geringer Prozente?“, und für den Geist noch weniger, weil dieser aus seiner Lebenssphäre spricht: „Ich kann nichts Moderndes und Totes brauchen!"

13] Die ehedem reife Frucht aber ist eben der wohlgeordnete Geist im Menschen. Wozu so viele Mühe, um den reifen Geist frei zu machen, was jeder mit einer ganz geringen Mühe, mit der Mühe eines Fingers erreichen kann? Wozu ganze Bibliotheken im Kopfe, wo das einzige: „Liebe Gott über alles und deinen Nächsten wie dich selbst!" hinreichend genügt?

14] Ich brauche keine bewaffneten Heere, um die Teufel auszutreiben, sondern einen Finger nur, welcher ist Mein vollernstlicher Liebewille; desgleichen tuet auch ihr: Seid ernstlich liebewillig, und tuet den guten Rat, den Ich euch gebe, und ihr werdet ebenfalls mit der leichtesten Mühe aller Welt ledig werden, und Mein Reich wird sicher zu euch kommen lebendig! Amen.

19. Kapitel

„Ich will euch nicht als Waisen lassen, Ich will zu euch kommen!" (Johannes 14, 18)

Am 19. Januar 1844 abends

1] „Ich will euch nicht als Waisen lassen; Ich will zu euch kommen!"

2] Dieser Text besagt wieder ganz dasselbe, was fürs erste vor euch liegt, was Ich zu euch immer rede, und was Ich soeben jetzt auch wieder mit dieser neuen Gabe treulich und lebendig bestätige.

3] „Ich will euch nicht als Waisen hinterlassen!", sondern, wie es auch heißt: „Ich verbleibe bei euch bis ans Ende der Zeiten!", aber freilich nicht in eurer

Weltklugheit und großen Gelehrtheit, vor der Mich ekelt, sondern in der Liebe und Demut eures Herzens.

4] „Ich will euch nicht als Waisen hinterlassen!", will nicht etwa gesagt haben: „Ich will euch mit Büchern aller Art versehen und daneben mit Bethäusern voller Schnitzwerke und mit Meinen Portraiten[1], in allen möglichen Situationen gemalt und geschnitzt, welche in das Reich des Heidentums gehören!"; denn jede äußere Anschauung gehört der Welt an und hindert die Eröffnung der inneren Sehe, gleichwie derjenige Mensch, der sein Auge nicht schließt, nicht zum Schlafen kommt und im Schlafe noch weniger zu einem Traume, welcher ist eine innere Anschauung dessen, was der Geisterwelt angehört.

5] Also nicht dadurch will Ich euch nicht als Waisen hinterlassen, so Ich durch Meine Zulassung es gestatte, daß ihr eine Menge äußerer Spektakel, die allenfalls auf Mich Bezug haben, ins Werk setzen könnet und zugleich aus eurem Verstande heraus eine ebenso große, wo nicht noch größere Menge Bücher schreiben könnt, in denen nach Wahrheit geforscht wird, auf die gleiche Weise, wie ihr in die Lotterie setzt, da[2] niemand weiß, ob die Ziffer gezogen wird, die er gesetzt hat, sondern jeder auf gut Glück setzt. Und ist da zufällig die Ziffer gezogen worden, so weiß er ebensowenig den Grund dieses Gelingens, als er im entgegengesetzten Fall den Grund des Nichtgelingens gewußt hätte. Denn ein jeder Setzer ist der Meinung, seine Ziffer werde die beste sein; sonst hätte er sie sicher nicht gesetzt. Die Folge erst zeigt ihm ein anderes Licht, daß nämlich eine andere Ziffer besser war. Er spricht da freilich: „Aber ich habe diese Ziffer schon

[1] Bildnissen; [2] wobei.

auf dem Papier gehabt, — warum mußte ich eine andere wählen?“

6] Und sehet, dieses Beispiel paßt genau auf alle die große Zahl von Schriftstellern. Ein jeder meint so oder so den Nagel auf den Kopf getroffen zu haben. Aber es dauert nicht lange, da taucht schon ein anderer auf, welcher dem ersten auf ein Haar beweist, daß er einen ungeheuren Fehlhieb gemacht hat. Und so geht das fort und fort, und am Ende weiß der Letzte es so wenig wie der Erste, ob er den Nagel auf den Kopf getroffen hat oder nicht.

7] Gelingt es auch hier und da einem oder dem andern, in einem oder dem andern Fach an die Wahrheit zu stoßen, so weiß er aber dennoch nicht, ob er im Ernste an sie gestoßen ist oder nicht. Das einzige Kriterium liegt für ihn darin, daß er mit seinem Werke der Welt einen allgemeinen Beifall abgelockt hat, er bedenkt aber nicht, daß, um diesen Beifall zu erreichen, eben nicht zu außerordentlich viel dazu gehört.

8] Man darf es ja nur mit der Schriftstellerei also machen, wie es die Lotteristen vor der Ziehung mit ihren Losziffern machen, nämlich alles recht durcheinandermengen, so daß daraus niemand klug wird, was der Schriftsteller so ganz eigentlich damit gewollt hat, so bleibt dann jede Kritik vor einem solch kolossalen Werke bescheiden zurück, und der Schriftsteller hat dann mit seinem Werke einen offenbaren Weltbeifallstreffer gemacht.

9] Frage aber: „Sitzt etwa der von Mir versprochene Heilige Geist in solchen Werken?“ O nein! Fürwahr, die sind Waisen; bei denen bin Ich nicht! Für die gilt der Text nicht, um den es sich hier handelt.

10] Aber vielleicht gilt er für die Maler, Kupferstecher, Bildhauer und Vergolder, die sich ganz besonders mit der bildlichen Darstellung der sogenannten heiligen Gegenstände abgeben — wenn sie aber bezahlt werden, da liefern sie auch Schlachtstücke und noch allerlei andere obszöne Darstellungen —, Ich sage: auch diese sind Waisen, und der Text hat mit ihnen nichts zu tun.

11] Aber es werden vielleicht die Predigt- und Gebetbuchdichter es sein, wie auch musikalische[1] Komponisten für die sogenannte Kirchenmusik? O nein! Auch für diese gilt der Text nicht; denn auch diese drehen den Mantel nach dem Wind und sind für alles erbötig ums Geld. Der Erste schreibt heute einen erhabenen Gesang, ein Gebet, einen Psalm, der dem David, in äußerer Hinsicht betrachtet, keine Schande gemacht hätte, wenn er ihn geschrieben hätte; morgen aber schreibt er, wenn er bezahlt wird, mit dem gleichen Enthusiasmus ein erhabenes Gedicht über die Hure eines Großen und macht auch im Notfall ein erhabenes Epitaphium[2] für ein verstorbenes Schoßhündchen einer Prinzessin. Der Zweite aber komponiert heute ein Oratorium[3], gleich allernächst darauf, wenn er bezahlt wird, schreibt er aber auch ein Ballet oder eine noch niedrigere Tanzmusik.

12] Frage: Schaut da wohl eine Wirkung des Heiligen Geistes heraus? — Ich finde sie nicht; und wenn Ich sie nicht finde, da werdet ihr sie sicher noch weniger finden, und möchtet ihr sie mit Laternen suchen, in denen statt einer schlechten Kerze eine Zentralsonne brennete.

13] Aber der Heilige Geist wird etwa in den weisen Staatsgesetzen, in Kriegsgesetzen, allerlei Verordnungen und gar in den scharfen, mannigfachen kirchlichen

[1] musikbegabte; [2] Grabinschrift; [3] geistliches Singspiel.

Disziplinargesetzen stecken? — Fürwahr, Ich finde keinen!

14] Warum denn nicht? Weil in allem dem nicht Ich, sondern nur weltliche Herrschvorteile der Grund sind. Alles will herrschen, der Kaiser und der König, der Fürst, der Graf, der Baron, der Ritter, der Herr ‚von', der Kaufmann, der Bürger, auch der Bauer, und vom Kaiser abwärts natürlicherweise alle seine Beamten also, als wären sie nahezu überall die Persönlichkeit des Kaisers selbst.

15] Es muß ja wohl ein Kaiser sein und ein König und ein Fürst: *aber des Herrschens wegen sollen sie nicht sein, sondern der Leitung wegen, daß die Völker durch ihre Leitung zu Mir geleitet würden.* Aber so werden sie nur vielfach von Mir abgeleitet und zur Welt gewendet, werden nicht stark, sondern nur schwach gemacht, auf daß sie dann in ihrer Schwäche desto leichter zu beherrschen sind.

16] Frage: Ist das eine Wirkung des Heiligen Geistes, wenn der Herrscher in seinen Untertanen nichts als Leibeigene erblickt, die sein Wort zu jeder Zeit vernichten kann, wenn er es nur ausspricht? — Der Herrscher soll ein Leiter und ein Tröster seines Volkes sein und soll ihnen Gesetze geben, die nicht von den heidnischen, sondern die von den Meinen erklärlich abgeleitet sind; dann wäre er ein rechter Regent und der Heilige Geist wirkete mit ihm, wie er mit David und noch anderen würdigen Regenten gewirkt hat.

17] Aber in den Erfindungen von allerlei der armen Menschen Hände überflüssig machenden Maschinen, in der Förderung der Industrie, in der Errichtung der Eisenbahnen und in der Aufstellung großer Kriegsmächte wirkt der Heilige Geist ewig nie! Denn all dergleichen war auch vor der Sündflut zu Noahs Zeiten gang und gäbe durch die Wirkung des Weltgeistes, welcher ist der Teufel in seiner Gesamtheit. Also ging es auch zu in Sodom und Gomorrha und in Babel.

18] Wer aber wird da behaupten wollen, als hätte solches der Heilige Geist gewirkt? Also folgte denn auch auf solche dem Heiligen Geiste schnurgerade zuwiderlaufende Handlungsweise allzeit ein mächtiges Gericht; ein gleiches Ich auch jetzt schon in der Bereitschaft halte, um daraus zu zeigen, daß Mein Heiliger Geist in der jetzigen Handlungsweise der Welt durchaus *nirgends* zugegen ist, daher alle diese Welt vollkommen als Waise dasteht. Ich lasse sie aber noch einige Zeit steigen, bis sie die rechte Fallhöhe wird erreicht haben, und dann — *ein* Blitz vom Aufgang bis zum Niedergang, und es wird sich in dessen Licht zeigen, wieviel der Wirkungen des Heiligen Geistes jetzt in der Welt vorhanden sind!

19] Ja, wenn aber also, wo sind denn dann diejenigen, die Ich nicht als Waisen hinterlassen will?

20] Ich sage: Es gibt deren schon auch hier und da; aber sie sind jetzt beinahe seltener und köstlicher geworden als große Krondiamanten. Diese leben schlicht, von der Welt soviel als möglich abgezogen, und *ihre Freude bin Ich,* und der Gegenstand ihrer Gespräche bin auch Ich. Warum denn? Weil der Mund davon übergeht, wes das Herz voll ist! Also bin Ich auch der Gegenstand, mit dem sich ihr Herz beschäftigt, und alles andere in der Welt ist ihnen um eine hohle Nuß feil.

21] Diese sind fürwahr keine Waisen; denn Ich bin ja mitten unter ihnen, rede tagtäglich mit ihnen und lehre sie Selbst und ziehe sie Selbst. Diese hören allzeit Meine Stimme und erkennen auch diese Stimme als die des rechten Hirten und nicht als die eines Mietlings, der sie nicht folgen, weil sie die Stimme eines feilen Mietlings ist. Diese also sind es denn auch, für die der vorliegende Text gestellt ist.

22] Ich brauche sonach keine Gelehrten, keine Dichter, keine Bildner und keine Tonsetzer, keine Maschinenerfinder und keine Weltgesetzgeber, sondern *nur demütige, Mich liebende Herzen brauche Ich*. Wo Ich das finde, da werde Ich auch schon alles andere hinzufügen, und das sicher in besserer Art, als es die Welt erfindet; und dann wird alles eine Wirkung des Heiligen Geistes sein, und es wird keine Waisen in der Welt geben. Aber also sind es nur sehr wenige, deren Ohr für Meine Stimme empfänglich ist.

23] Ich meine, ihr werdet aus diesem Gesagten wohl sehr leicht begreifen, welche die sind, für die der Text gestellt ist. Daß ihr auch derzeit dazu gehört, beweist, was vor euch liegt. Aber wenn ihr erst vollkommen danach handeln werdet, dann erst wird euch die große Überzeugung von dieser Wahrheit werden. Solches bedenket! Amen.

20. KAPITEL

„Und Er sah, daß sie Not hatten im Rudern, denn der Wind war ihnen entgegen. Und Er kam um die vierte Nachtwache zu ihnen, wandelnd auf dem See; und Er wollte neben ihnen vorübergehen.“ (Markus 6, 48)

Am 22. Januar 1844 abends

1] „Und Er sah, daß sie Not hatten im Rudern; denn der Wind war ihnen entgegen. Und Er kam um die vierte Nachtwache zu ihnen, wandelnd auf dem See; und Er wollte neben ihnen vorübergehen.“

2] Lange Verse brauchen kurze Erklärung, weil sie zumeist die Erklärung schon in sich führen. Kurze Verse aber brauchen eine längere Erklärung, weil sie fürs erste ihrer Kürze wegen noch keine mit sich führen, und fürs zweite, weil in ihnen gewöhnlich das Licht gedrängter und fester verschlossen ist, und es daher mehr erfordert, all ihr Licht frei zu machen, als bei längeren Versen, die ohnehin schon in ihrer Stellung stark genug leuchten.

3] Aus diesem Grunde kann Ich euch auch über den vorliegenden Text keine gedehnte Erklärung geben, weil sein Licht ohnehin sehr stark ist; und wenn ihr nur ein wenig darüber nachdenken wollet, so müßt ihr es von selbst mit Händen und Füßen zugleich begreifen. Damit ihr aber solches einsehet, so will Ich euch nur durch ganz kurze Winke darauf hinleiten, und ihr werdet zum Verständnis dieses Textes daran zur Genüge haben. Und so höret denn!

4] Der ‚See‘ bedeutet die Welt; die widrigen ‚Winde‘ sind das Tun und Treiben der Welt und ihre Begierlichkeiten, gegen die ein rechter Schiffer bis zur vierten Nachtwache, die seine letzten Lebenstage bezeichnet, also die ganze Lebenszeit hindurch zu kämpfen hat; denn unter ‚Nacht' wird das materielle Leben auf dieser Welt verstanden.

5] Der Herr ist nicht im Schiffe. Warum denn nicht? Weil nicht in der Welt; denn das Schiff bezeichnet den in der Welt lebenden Menschen, mit welchem seiner Freiheit wegen der Herr nicht ist.

6] Der Herr aber wandelt dennoch dem Schiffer wunderbar nach und geht über all die Wogen und Wellen der Welt also hinweg, als wären sie festes Land. Er kümmert Sich nicht der Schiffer auf dem See; wo Er einen antrifft, da zieht Er vorüber, damit Er ihn nicht in seiner Freiheit störe.

7] Wenn Er aber trifft ein Schiff, das Seine Jünger trägt, das heißt solche Menschen, die Ihn erkennen und anrufen, so nähert er Sich dennoch dem Schiffe, obschon Er sonst auch vorbeigehen würde; denn das Schiff trägt ja Seine Jünger, oder: In dem Menschen ist ein Herz da, welches den Herrn liebt, an Ihn lebendig glaubt und Ihn anruft.

8] Das Herz fürchtet sich zwar im Anfange und hält Ihn für ein Gespenst, das heißt: ein Mensch, welcher noch voll irriger Vorstellungen über Mich ist, hält es für unmöglich oder gar für eine Chimäre[1], daß Ich Mich ihm auf der Welt nahen könnte und gar besteigen sein Schiff.

9] Wenn er aber dennoch darum in seiner Liebe nicht nachläßt, so komme Ich seinem Schiffe näher und melde Mich ihm; und hat er Meine Stimme vernommen, so Ich zu ihm spreche: „Fürchte dich nicht; denn Ich bin es ja, dein Meister, dein Herr, dein Gott und dein Vater!", da wird die Furcht vor dem Ge-

[1] Trugbild, Hirngespinst.

spenst alsbald vergehen, und der Mensch wird Mich mit übergroßen Freuden in sein Schiff aufnehmen.

10] Sehet, das ist schon die ganze Erklärung dieses Textes. Nur eine Frage bleibt noch übrig, nämlich: Wie muß das Schiff bestellt sein, das da Meine Jünger trägt? Ist es etwa ein gelehrt zusammengestelltes Dampfschiff, oder ist es etwa ein dreimastiges, mit hundertsechzig Kanonen bestelltes Linienschiff, etwa eine Fregatte, ein Schoner, eine Brigg oder etwa ein reich beladenes Kauffahrteischiff? — O nein! Alle diese Schiffsgattungen tragen Meine Jünger nicht; denen weiche Ich auch gewöhnlich so weit aus, daß sie Mich nicht einmal als ein Gespenst irgend erschauen. Wer möchte sich aber auch solchen Schiffen nahen, die mit Kanonen versehen sind? Ihr Schutz ist der Tod; aber die Schiffe, welche den Tod zum Schutze haben, gehen ja auch sicher vor dem Tode, — denn der Tod hat vor dem Tode nichts zu fürchten. Aber wo der Tod um ein Schiff seinen weiten Umkreis hält (Schußweite der Kanonen), da geht das Leben fern von dannen vorbei.

11] Wie muß denn aber hernach das Schiff aussehen, das die Jünger trägt? Ich sage euch: Ganz außerordentlich einfach! Es ist bloß ein von mehreren festen Balken zusammengebundenes und gefestetes, der Oberfläche des Wassers fast ganz gleich hoch seiendes Floß, wo die Schiffahrer höchstens um ein paar Fuß über der Oberfläche des Wassers gestellt sind. Es darf keine Segel haben, damit es nicht vom Winde der Welt bemeistert wird, sondern nur nach jeder Seite hin feste Ruder, damit es soviel als möglich unberührt von den verschiedenen Weltwinden von dem Willen der Seefahrer durch die festen Ruder frei überallhin geleitet werden kann.

12] Wenn Ich auf ein solch demütiges Schiff komme, das erkenne Ich dann als ein solches, das Meine Jünger trägt; solch einem Schiffe nähere Ich Mich dann und besteige es. Warum denn? Weil so ein Schiff fürs erste keine so schnelle Bewegung hat, weil keine Segel und keine Dampfräder, sondern pur Ruder nur, durch welche keine so geschwinde Bewegung hervorgebracht wird; und Ich kann es dann leicht einholen; fürs zweite aber, weil ein solches Schiff keinen Todesumkreis hat, dessen Freund Ich als das Leben Selbst nicht bin; und fürs dritte, weil so ein Schiff seiner großen Niedrigkeit wegen von der Oberfläche des Wassers hinweg ohne allen Anstand und ohne alle Anstrengung leicht bestiegen werden kann.

13] Ich aber bin durchaus kein Freund von großen Anstrengungen; was bei Mir nicht mit der größten Leichtigkeit, wie nahezu frei von sich selbst, geschehen kann, das lasse Ich gehen, wie es geht. — Ihr werdet es leicht begreifen, warum? Denn ein jeder Mensch hat seine vollkommene Freiheit, die von Mir nie beirrt wird!

14] Wo Ich aber dennoch so ein ganz niederes und bequem zu besteigendes Schifflein über den schwankenden Wogen der Welt antreffe und werde vom selben erkannt, da steige Ich auch ein, und wenn Ich auch willens wäre vorüberzugehen. Und bin Ich einmal auf dem Schifflein, da wird's auch sogleich Tag, und am Tage ersieht man leicht das sichere Ufer, — und Ich als ein guter Schiffsmeister werde dann wohl etwa das Ufer nicht verfehlen.

15] Ich meine, ihr werdet diese Erklärung verstehen. Besteiget daher auch ihr so ein Schifflein; je niedriger es ist, desto besser; und Ich werde auch diesem Schifflein Mich nahen und werde es dann völlig besteigen! Amen.

21. KAPITEL

„Selig aber sind eure Augen, daß sie sehen, und eure Ohren, daß sie hören!" (Matthäus 13, 16)

Am 24. Januar 1844 abends

1] „Selig aber sind eure Augen, daß sie sehen, und eure Ohren, daß sie hören!"

2] Was möchtet ihr wohl meinen, was dieser Text besagt? Ihr saget da sogleich: „Wir wissen es nicht!"

3] Denn so ihr sagen würdet: „Wir wissen es!", da würdet ihr offenbar lügen. Denn ihr müßt zuvor erst den Text im äußeren Buchstabensinne recht genau betrachten. Findet ihr den Text nach dem gewöhnlichen Verständnis sehr klug, so seid ihr der Wahrheit und dem Lichte, das in diesem Texte steckt, noch fern. So ihr aber findet, daß dieser Text für den gewöhnlichen Verstand ein Unsinn ist, so seid ihr der Wahrheit und dem Licht dieses Textes um vieles näher.

4] Es dürfte hier freilich mancher Witzler sagen: „Mit dem bin ich einverstanden; und wer die ganze Bibel als einen Unsinn erkennt, der ist schon das Licht und die Wahrheit selbst." Aber in diesem weltwitzigweisen Sinne meine Ich es nicht, wenn ich sage: „Ihr müßt den Text aus eurem Weltverständnis heraus erst als einen Unsinn finden, wollt ihr seinem Lichte näherkommen."

5] Warum denn sage Ich solches? Weil dieser Text einen rein himmlischen Sinn hat, der allem Weltverständnissinne schnurgerade entgegen ist.

6] Wie aber ist dieser Text nach dem Weltverständnis ein Unsinn? — Höret! Ich will es euch kundgeben.

7] Ihr wisset, daß in euch nur das Herz oder die Liebe allein des Wonnegefühls oder irgendeiner Seligkeit fähig ist; und das aus dem Grunde, weil eben nur die Liebe oder der Geist im Menschen allein das Leben ist und somit auch allein nur jeder Empfindung fähig ist. Und somit kann die Seligkeit nicht auch auf das Auge und das Ohr taugen; denn das Auge und das Ohr sind nur Sinneswerkzeuge, die lediglich dem Geiste zu seinen lebendigen Verrichtungen dienen müssen, und es kann weder das Auge noch das Ohr für sich je einer Seligkeit fähig sein, wohl aber der Geist durch das Auge und durch das Ohr, wie auch noch durch die anderen Sinneswerkzeuge.

8] Wenn es demnach in dem Texte heißt: „Selig die Augen, die das sehen; und selig die Ohren, die das hören!“, so ist damit dem Weltverständnis nach offenbar etwas Widersinniges gesagt. Nun wollen wir aber sehen, ob es sich mit der Sache auch also verhält!

9] Die gewöhnlichen, etwas besseren Weltchristen verstehen das so, als wären nur diejenigen Augen selig und ebendieselben Ohren, die Mich bei Meinen Lebzeiten auf Erden gesehen und gehört haben, und man sagt, das Ganze sei nur eine etwas schönere Redefigur, in der man das Zeichen statt der Sache setze, Teile eines Ganzen für das Ganze selbst, oder wie sich die Redekünstler gelehrter ausdrücken: Signum pro re; pars pro toto[1]. Im Grunde aber heiße es dennoch soviel als: Selig sind die Menschen, die Mich Selbst gesehen und gehört haben!

10] Ist das nicht die rechte Erklärung, und nota bene aus dem Munde der besseren Weltchristen? Das ist sicher; aber Ich muß nur gleich daneben kundgeben, daß weder Ich noch der genannte Evangelist je die Rhetorik[2] studiert haben und da gar keine Rücksicht

[1] Das Zeichen für die Sache; der Teil fürs Ganze. [2] Redekunst.

nahmen auf irgendeine Synekdoche[1], noch auf die allerlei Arten von Syllogismen[2].

11] Unsere Redefigur hatte den alleinigen Namen: Innere göttlich-geistige Wahrheit. Und nach dieser Redefigur, die in Meiner Rhetorik vorkommt, gehört obenangeführter Text weder zur Synekdoche noch zu irgendeiner Art des Syllogismus; er ist auch keine Paraphrase[3] und auch nicht ein Pro- und Epilog[4], sondern, wie gesagt, er ist eine reine, allerinwendigste, göttlich-geistige Wahrheit!

12] Und diese besteht darin: Alle Menschen in der Welt haben gewöhnlich eine große Furcht vor dem Tode des Leibes, und das aus dem Grunde, weil sie weltlich sind und daher nichts erschauen können, was des Geistes ist, und auch nicht zu vernehmen imstande sind, was da wäre eine lebendige Lehre für ihren Geist.

13] In diesem Text aber liegt eine himmlische Lobpreisung derjenigen, welche durch ein wahrhaftiges Liebeleben es dahin gebracht haben, daß die Welt mit ihrer Nacht wie eine schwere Decke von ihren Augen fiel und das Ohr ihres Geistes geöffnet ward, um zu vernehmen Meine Vaterstimme, und sagt im ganzen soviel als: „Glücklich sind die Wiedergeborenen!" Und in dieser Stellung bezieht es sich in gar keiner äußeren Bedeutung zurück auf allenfalls diejenigen Menschen, die Meine Landes- und Zeitgenossen waren, sondern die Beziehung erstreckt sich auf alle Menschen, die je auf der Erde gelebt haben und noch leben werden, wie auch auf die Bewohner aller anderen Welten.

---

[1] Vertauschung von Teil und Ganzem; [2] Vernunftschlüsse; [3] Umschreibung; [4] Vor- und Nachwort.

14] Denn alles muß geistig regeneriert[1] werden, bevor es ins Geistige und somit ewig Lebendige, wahrhaft Beseligende eingehen will. Und so wird hier unter ‚Augen' das Erkennen des Göttlich-Wahren und unter ‚Ohren' das Insichaufnehmen desselben und Danach-Tätigwerden verstanden, und es heißt dann auch soviel als: Selig ist der Mensch in seinem geistigen Verständnis, so er das Göttlich-Wahre vollends erkennt; und wahrhaft selig ist er, wenn er das Göttlich-Wahre in sein Leben aufnimmt und danach ausschließlich tätig wird! Denn dadurch erst wird er die Wiedergeburt des Geistes überkommen, aus welcher heraus er ewig keinen Tod mehr sehen, fühlen und schmecken wird.

15] Das ist also die richtige Bedeutung dieses Textes! Aber ganz irrig wäre dieser Text auf diejenigen angewendet, die mittels ihrer Augen recht viele Bücher durchschauen und durchlesen und suchen dadurch das Licht, oder auf jene Menschen, welche, wenn sie schon nicht lesen können, aber dennoch viele Predigten, Christenlehren und Beichtspiegel anhören; denn die gehen allzeit also wieder aus der Predigt heraus, als wie sie hineingekommen sind.

16] Ja, gar viele wissen schon oft an der Türschwelle des Bethauses kein Wort mehr, was da gepredigt ward, und bei so mancher Predigt sind die Ohren der Zuhörer nichts weniger als selig, besonders wenn manches Mal ein eben nicht mit zu viel Bruderliebe behafteter Prediger seinen Zuhörern die Hölle so heiß wie möglich und den Weg zum Himmel aber überaus schmal, steil und dornig ansetzt, daß am Ende seinen Zuhörern beinahe die Wahl schwer wird, welchen

[1] erneuert.

Weg sie wandeln sollen und also denken: „Die Hölle ist zwar heiß; aber es führt ein überaus bequemer Weg dahin. Der Himmel bietet wohl die höchste Seligkeit; aber wer mag ihn erreichen, wenn er nur auf so einem nahezu unmöglich besteigbaren Wege zu erreichen ist?"

17] Also derlei Ohren dürften gerade nicht die seligsten sein, ebensowenig wie die Augen der Gelehrten, die zwar vieles sehen, aber das, was sie am liebsten erschauen möchten, dennoch nie zu Gesichte bekommen können. Darum sind nur selig, die sich der Wiedergeburt des Geistes befleißen und sie auch stets mehr und mehr erreichen.

18] Es wird aber niemand auf einmal wiedergeboren, sondern nur nach und nach; aber es fängt auch bei niemand der Akt der Wiedergeburt früher an, als bis er die göttliche Wahrheit angefangen hat zu erkennen, und niemand wird früher vollends wiedergeboren und zur vollkommenen inneren Anschauung und Anhörung des lebendigen Wortes gelangen, als bis er die Welt — was so ganz eigentlich die Sünde ist — freitätig aus sich verbannt hat. Und da erst kommt also im rein himmlischen Lichte der angeführte Text in die tröstliche Anwendung, und dann erst sind auch die Augen selig, die das sehen, und die Ohren, die das hören.

19] Ich meine, dieser Text wird auch wieder klar genug dargestellt sein. Trachtet daher aber auch ihr nach seiner Realisierung[1] in euch! Amen.

[1] Verwirklichung.

22. Kapitel

„Und Er sprach zu ihnen: ‚Wahrlich, Ich sage euch, es stehen etliche hier, die den Tod nicht kosten werden, bis sie sehen das Reich Gottes kommen in der Kraft!'" (Markus 9, 1)

Am 26. Januar 1844 abends

1] „Und Er sprach zu ihnen: ‚Wahrlich, Ich sage euch, es stehen etliche hier, die den Tod nicht kosten werden, bis sie sehen das Reich Gottes kommen in der Kraft!'"

2] Das ist wieder ein etwas längerer Text und braucht daher eine etwas kürzere Erklärung. Man darf nur wissen, wer die einigen sind, die den Tod nicht verkosten werden, bis sie werden kommen sehen das Reich Gottes in seiner Herrlichkeit; weiß man die, so weiß man dann auch schon beinahe den ganzen Sinn dieses Textes.

3] Wer sind also die etlichen? Das sind die Gläubigen und die danach Hoffenden. Wer da fest glaubt, der wird in seinem Glauben auch seine Hoffnung realisiert finden; denn es heißt ja auch: „Wer da Glauben hat so groß wie ein Senfkörnlein und zweifelt nicht an dem, was er glaubt, der kann Berge versetzen mit der Kraft seines Glaubens!"

4] Also werden unter den ‚etlichen' die Gläubigen verstanden, und das geht noch ferner aus dem hervor, daß der Gläubige fortwährend von dem Wunsche beseelt ist, das zu sehen mit seinen Augen, was er glaubt. Darum ist denn diese Verheißung auch also gestellt, daß sie anzeigt, wie der innere Wunsch solcher Gläubigen solle realisiert werden; und sie sollen nicht eher irgendeinen Tod verkosten, als bis sie das erschauen, was sie glauben.

5] Was glaubten denn diese etlichen? Diese etlichen glaubten fest, daß Ich der verheißene Messias bin, glaubten auch, daß durch Mich die Herrlichkeit des Reiches Gottes, also eine vollkommene Theokratie[1] auf der Erde gegründet wird und fürder nimmer ein Ende haben wird. Des Menschen Sohn wird die Herrlichkeit des Vaters auf der Erde übernehmen, und vor Seiner Macht werden sich dann beugen müssen alle Königreiche und alle Knie derjenigen, die unter der Erde, auf der Erde und über der Erde sind.

6] Das war der feste Glaube dieser etlichen. Darum ward es denn auch zu ihnen gesagt, daß sie nicht eher irgendeinen Tod schmecken sollen, als bis sie die Herrlichkeit des Reiches Gottes werden kommen sehen; freilich nicht in der Art, wie sie es glaubten, sondern nur in der Entsprechung ihres Glaubens.

7] Was meint ihr aber, warum diesen etlichen nach der Anschauung der Ankunft der Herrlichkeit des Reiches Gottes dennoch das Verkosten des Todes bedingungsweise belassen ist, das heißt, daß sie, nachdem sie die Ankunft des Reiches Gottes werden gesehen haben, dennoch den Tod werden verkosten müssen? Der Grund liegt darin, weil der Glaube für sich, wenn er noch so fest ist, kein Leben erzeugt, wenn er nicht die *Liebe* voraus zum Grunde hat, die *allein unsterblich* ist!

8] Solche etliche gibt es jetzt auch eine Menge auf der Welt, die pur auf den allein seligmachenden Glauben halten, aber nicht bedenken, daß der Glaube nur eine Ausstrahlung des Gnadenlichtes Meiner Liebe ist, der wohl vorbereitet und im Inneren so wirkt, wie das Licht wirkt naturmäßig auf der Erde. Wenn es im

[1] Gottesherrschaft.

Sommer stark auffällt, so erwärmt es auch das Erdreich und lockt allerlei Früchte aus demselben; aber das Licht kann nicht immer gleich stark sein, und wenn demnach der Winter anrückt und der Sonnenstrahl schwächer und schwächer wird, da sterben bald alle die Produkte des Sommerlichtes ab und werden unter Schnee und Eis begraben.

9] Warum belebt denn da die Erde im Winter ihre im Sommer so prunkenden Kinder nicht? Warum müssen sie den Tod schmecken, wenn sie auch zuvor die Herrlichkeit des Lichtes aus der Sonne empfunden haben? Weil die Erde viel zuwenig eigene Wärme besitzt.

10] Gerade also steht es auch mit den Glaubenshelden. Sie glauben fest und sind voll Eifer und voll Tätigkeit, solange sie von Meinem Gnadenstrahl durchleuchtet und erwärmt werden; wenn sie aber dann auf die Probe gestellt werden, wieviel der eigenen Wärme sie in sich haben, da werden sie welk, die Früchte samt den Blättern fallen von den Bäumen, und sie stehen nackt und kahl da, und statt der früheren Früchte rastet bald Schnee und Eis über ihren Ästen und Zweigen.

11] In Meinem höchsten Sommergnadenlichte erblicken sie sicher die Herrlichkeit Meines Reiches in den Früchten, die sie aus diesem Lichte bringen; aber diese Früchte sind fremden Ursprungs, das heißt, sie werden nicht durch die Kraft der eigenen Wärme erzeugt, und darum bleibt die Verkostung des Todes unfehlbar im Hintergrunde.

12] Aber nicht also steht es mit denen, welche *in ihrem Inneren in ihrer großen Liebe zu Mir selbst eine Sonne haben;* zu denen sage Ich: Wahrlich, wahrlich, die Mich lieben und sind tätig nach Meinem Worte, die werden den Tod in Ewigkeit weder fühlen noch irgend schmecken!

13] Der Glaube kann auch durch die Lesung rechter Bücher erreicht werden; *aber die Liebe kommt nur aus dem Herzen.* Daher fraget auch ihr mehr euer Herz als die Bücher, wie dieses gegen Mich beschaffen ist, und ihr werdet dann nicht zu den etlichen gehören. Solches bedenket allzeit! Amen.

23. KAPITEL

„Ihr verblendeten Führer, die ihr die Mücken seiget und verschlucket das Kamel!" (Matthäus 23, 24)

Am 27. Januar 1844 abends

1] „Ihr verblendeten Führer, die ihr die Mücken seiget[1] und verschlucket das Kamel!"

2] Das ist ebenfalls wieder ein Vers, der für alle Zeiten taugt, und dessen Sinn aber auch sogleich mit den Händen zu greifen ist, wie das auch bei anderen der Fall ist.

3] Wer sind denn diese verblendeten oder blinden Führer? Das sind die sogenannten Kleinfehlerdrescher oder die Buchstabenreiter des Gesetzes. Da reinigen sie und plärren den ganzen Tag drauflos; die großen Fehler aber, von denen das ganze Heil und Leben des Menschen abhängt, kennen sie oft gar nicht, und wenn sie dieselben schon kennen, so drücken sie aus politischen Rücksichten die Augen zu, als wäre daran gar nichts gelegen.

[1] seihet.

4] Um diese Sache so klar als möglich zu machen, will Ich euch nur Beispiele anführen! Wir wollen da vom Kleinen bis zum Großen aufsteigen, oder vom Sonderheitlichen zum Allgemeinen.

5] Sehen wir in eine Familie, also in ein einzelnes Haus! Der Vater hat Kinder beiderlei Geschlechts; die Knaben werden bei einem etwas vermöglicheren Hause emsig zum Studieren angehalten, und die Mädchen haben ebenfalls verschiedene Meister. Da lernen sie irgendeine fremde Sprache radebrechen, Zeichnen, Musik und daneben auch andere feine weibliche Arbeiten.

6] Die Söhne werden mit allem Eifer zum Studieren angehalten. Eminenter[1] müssen sie sein, sonst gibt es üble Stunden; jede Vernachlässigung wird da mit Schärfe gerügt, und Pönitenzen[2] bleiben nicht aus. Desgleichen werden auch die anderen sogenannten Wohlstandsregeln fest gehandhabt, und wehe dem Knaben, der sich leichtsinnigermaßen dagegen versündigt! Und es penzt[3] da der Vater, der Instruktor und der öffentliche Lehrer tagtäglich.

7] Man wird fragen: „Ja, ist denn das gefehlt?“ Ich sage darauf nichts als: Hier werden ebenfalls Mücklein geseigt, das Kamel aber unbeachtet verschluckt.

8] Was ist denn aber hier das Kamel? Das Kamel ist eben das Studieren selbst und die polierte Weltlichmachung eines jungen Menschen. Durch dieses verschluckte Kamel verliert der junge Mensch zuallermeist den letzten Tropfen dessen, was in ihm das Leben des Geistes hätte erwecken können, und wird dadurch ganz in die allerblankste Welt hinausgestoßen.

---

[1] ausgezeichnet; [2] Strafen, Bußen; [3] ermahnt, straft.

9] Desgleichen geht es auch mit den Mädchen. Die gestrenge Mutter redet sich den ganzen Tag beinahe die Zunge wund; denn die eine Tochter hat einen Stich etwas zu lang gemacht, bei der andern wird ein kleiner Fleck irgendwo entdeckt, die dritte hat ihre Lektion in dem oder dem Fache nicht gut genug gekonnt, die eine hat ihre Haare nicht recht in der Ordnung, kurz und gut, jede schiefe Haltung und dergleichen noch eine Menge kaum beachtbarer Fehler werden nicht selten mit einer Erbitterung gerügt, und es gibt da den ganzen Tag vollauf zu korrigieren, zu penzen und anzueifern.

10] Sehet, da werden ebenfalls wieder Mücklein geseigt; aber daß die Mädchen durch all diesen weltlichen Firlefanz rein für alles innere, geistige Leben getötet werden, ist das Kamel, das ohne alles Bedenken verschluckt wird.

11] Ich meine, diesem Beispiel braucht man keine Erklärung mehr hinzuzufügen, indem es in sich selbst überaus klar ist. Gehen wir auf ein allgemeineres Beispiel:

12] Also wird von der Kirche, wie sie bei euch ist, überaus darauf gesehen, daß besonders von dem gemeinen[1] Teile des Volkes die sogenannten kirchlichen Satzungen bei Vorenthaltung der Absolution[2] beachtet werden. Wer das beachtet, dem wird bei gewissen Gelegenheiten von kirchlicher Seite kein Anstand gemacht; dafür wird auch alle Sonn- und Feiertage scharf gepredigt und einem armen Sünder an einer solchen kirchlichen Satzung wird die Hölle ganz entsetzlich heiß gemacht, und er hat zu tun, bis er sich wieder in die Gnade der Kirche gesetzt hat. Bei einem

[1] niederen; [2] Sündenvergebung.

Reichen geht es freilich etwas leichter; aber der Arme hat seine Not!

13] Wie sieht es denn aber mit der lebendigen Bekanntmachung Meines Wortes und mit der Führung nach demselben aus? Also: Wenn der Christ nur seine kirchlichen Pflichten erfüllt, da darf er sich auch an so manchem Meiner Gebote versündigen, und er darf versichert sein, daß er darob keine scharfe Buße bekommen wird.

14] Wenn er nur den Sonntagvormittag den kirchlichen Zeremonien ausweislich beigewohnt hat, so darf er dann nachmittags ohne Bedenken Spiel- und Wirtshäuser, wie auch Tanzböden besuchen. Er kann spielen und schwelgen, tanzen und huren die ganze Nacht hindurch; er kann auch noch mitunter betrügen, Leute ausrichten[1], lügen, geizig sein, einem andern einen Schaden zufügen, freilich auf politisch-rechtlichem Wege.

15] Das alles geht bei der nächsten Beichte, besonders bei einem diskreten Beichtvater, um fünf Vaterunser und Ave-Maria und schon gar gewiß um eine bezahlte Messe hinweg. Hat sich unser Beichtkind etwa gar noch mit einem Ablaß auszuweisen, dann geht es wie eine Sonne makellos vom Beichtstuhl zum Tische des Herrn, und von da wie ein Engel aus der Kirche.

16] Wer wird in diesem Beispiel nicht ersehen die Seigung[2] der Mücklein und die gar grobe Verschluckung des Kamels?!

17] Ich will das freilich wohl nicht allen Beichtigern zum Vorwurf machen; denn es gibt auch hier und da mehrere, die es mit der Sache von der besseren Seite

[1] verleumden; [2] Seihung.

ernstlich meinen; aber nur im allgemeinen ist das gewöhnlich der Fall.

18] Nikodemus gehörte auch zu den Pharisäern und Schriftgelehrten; aber er machte eine Ausnahme unter ihnen und war somit kein Mückenseiger[1] und Kamelverschlucker; denn er kannte Mich und hielt auf Mein Wort. Darin wird für getreue Beichtiger Entschuldigung genug sein. Und so gehen wir auf ein allgemeines großes Beispiel über!

19] Also geben die Fürsten der Welt eine Menge, ja eine schauerliche Menge Gesetze, deren Übertretung — ob wissentlich oder unwissentlich — nach den Paragraphen streng geahndet wird. Was aber da Meine Gesetze betrifft, so werden nur diejenigen als Staatsgesetze mit aufgenommen, durch die eine weltliche Sicherstellung bezweckt werden kann. Dergleichen sind vorzugsweise das siebente, das fünfte und in einem zu offenbar argen Betriebe[2] das sechste Gebot; um die andern sieben kümmert sich der Staat nicht viel, — es müßten nur politische Rücksichten ihn dazu veranlassen. Also kümmert sich ein Staat um die Leitung der Völker nach Meinem Worte überaus wenig oder gar nicht und spricht dabei: „Das andere überlassen wir nur der Geistlichkeit!“

20] Da werden dann von beiden Seiten Mücklein geseigt und Kamele zu Tausenden verschluckt, und die Art der Pharisäer stirbt nie aus; denn fängt man sie auf der einen Seite, so macht sich die andere Seite um so mehr Luft, und man kann tun, wie man will, so kommt man zumeist vom Regen in die Traufe.

21] Die Welt will herrschen, und zu diesem Behufe kann sie sich alles tauglich machen; göttliche und

[1] Mückenseiher; [2] Treiben.

weltliche Gesetze werden in *ein* Joch gespannt und müssen das Volk ins Verderben ziehen.

22] Was nützt es denn, wenn ein Mensch noch so poliert und staatstauglich dasteht? Was nützt es, wenn in einem Staate, weltlich genommen, die beste Verfassung ist, so aber dabei dennoch allzeit die Hauptsache, um die sich alles Leben des Geistes dreht, gänzlich unberücksichtigt gelassen wird?

23] Ich meine aber, es wäre besser, so da jemand als ein weltlicher Krüppel zum Leben eingeht, als ein Weltpolierter in den ewigen Tod.

24] Mehr darüber zu sagen wäre unnötig. Sehet aber daher auch ihr nicht so sehr auf die Mücklein, sondern vielmehr darauf, daß ihr keine Kamele verschluckt, so werdet ihr das ewige Leben haben! Amen.

24. Kapitel

„Und Jesus weinte." (Johannes 11, 35)

Am 29. Januar 1844 abends

1] „Und Jesus weinte."

2] Dieser Text ist überaus kurz, besteht aus drei Wörtchen; aber er ist bei all seiner Kürze so vielsagend und bezeichnend, daß ihr, so Ich euch diesen Text nur einigermaßen auseinandergesetzt darstellen würde, eine ganze Welt voll Bücher zu schreiben hättet. Seine volle Enthüllung aber werdet ihr wohl in Ewigkeit nicht in ihrer Volltiefe zu fassen imstande sein!

3] Zahllose Male steht in der Schrift[1] das Binde-

[1] ‚in der Schrift' ist ergänzt.

wort ‚und'; doch auf keinem Platze verbindet es so viel wie hier; denn hier verbindet es zwei unendliche Dinge, nämlich die unendliche Liebe und die unendliche Weisheit, Kraft und Macht Gottes in Eines. Denn Jesus ist die Weisheit, die Macht und Kraft und somit der Gewalthaber über alles, was da geistig und naturmäßig die Ewigkeit und Unendlichkeit erfüllt.

4] Dieser Jesus aber weinte. Wie und warum denn? Weil Er mit dem Vater und mit der ewigen Liebe Eins ward in der Fülle. Denn einst hieß es bei Moses, als er verlangte, Gott zu sehen: „Gott kann niemand sehen und leben zugleich!" In Jesus aber sahen viele Gott, und Er ward ihr Leben; und sie starben nicht, darum sie Ihn sahen.

5] Zu Mosis Zeiten weinte die Gottheit nicht; aber Sie richtete zu Tode die Übertreter des Gesetzes, und niemand ward erweckt, der einmal dem Tode verfiel. Hier war dieselbe Gottheit; aber Sie hielt nicht mehr in Ihrem unerforschlichen Zentrum Ihre Liebe und Erbarmung verborgen, sondern Sie weinte und erregte Sich dann und löste die Bande des Todes an dem, der im Grabe moderte.

6] Verstehet ihr nun etwas, was das Weinen des Jesu hier bedeutet? — Das Weinen bedeutet hier ein unendlich tiefes Erbarmen der unendlichen Liebe in Gott!

7] Über wen erbarmt Sie Sich? — Über den schon vier Tage im Grabe Modernden.

8] Wer von euch hat denn soviel Weisheit, um zu fassen dies endloser Bedeutung vollste Bild? Meinet ihr, Jesus tat hier nur ein örtliches Wunder, um dadurch fürs erste den zwei trauernden Schwestern ihren vielgeliebten Bruder wiederzugeben, und fürs zweite, um dadurch den Juden einen Beweis zu liefern, wie vor Ihm nie jemand solches tat?

9] O sehet, das sind ganz unbedeutende Nebenumstände; denn fürs erste hatte Jesus schon vorher Wundertaten in großer Genüge ausgeübt, die mit dieser ganz gleich gewichtig waren; was aber die Tröstung der beiden Schwestern betrifft, so wäre Er sicher nicht verlegen gewesen, Er, der aller Menschen Herzen in Seiner Hand hält, sie mit einem Blick, ja mit einem leisesten Wink selbst also seligst zu machen, daß sie des verstorbenen Bruders nicht leichtlich wieder trauernd, sondern jubelnd nur gedacht hätten!

10] Das war sonach nicht der Hauptgrund; was denn aber? Ja, darin liegt die eigentliche für euch nicht erfaßbare Tiefe dieser Tat Gottes! Ich kann sie euch nur durch entfernte Winke andeuten, aber nicht vollends erläutern, indem ein Vollicht in dieser Sache euch das Leben kosten würde. Denn eben bei dieser Tat heißt es ja, daß sie geschieht, auf daß die Herrlichkeit des Vaters im Sohne offenbar werde.

11] Was stellen die zwei trauernden Schwestern vor, die Martha und die Maria? Sie sind Bilder der Vor- und Nachzeit; das eine mehr äußerer, also vorbildender, das andere mehr innerer und somit geistiger, in sich selbst der Wahrheit voller Art. Im weiter umfassenden Sinne stellen sie unter der ‚Martha‘ die ganze naturmäßige Schöpfung und unter der ‚Maria‘ alle himmlisch-geistige Schöpfung dar. — Sehet, das sind die zwei trauernden Schwestern!

12] Um wen trauern sie denn? — Um einen Bruder, der vier gar lange Tage schon im Grabe modert. Die vier Tage bezeichnen vier Schöpfungszustände.

13] Wer ist nun der Bruder? Doch von hier nichts mehr weiter!!! — Wer von euch nur ein Scherflein Weisheit besitzt, der mag rechnen; aber eine nähere Kundgabe von Mir aus wäre lebensgefährlich!

14] Ihr möget aber aus dem Gesagten immer so viel entnehmen, eine wie große Tiefe und welche Unerforschlichkeit in den drei Worten „Und Jesus weinte!" liegt. Wenn ihr bedenket, *wer* Jesus ist, so werdet ihr es auch wenigstens zu ahnen vermögen, daß Seine Tränen etwas ganz anderes und Größeres bedeuten als die einer halberblindeten Romanleserin. Das Gemüt Jesu war kein durch Lektüre reizbar gewordenes, — sondern das war die ewige Liebe Selbst als Vater im Sohne!

15] Als nachzuahmendes Beispiel aber zeigen sie (die Tränen), daß auch ihr *aus der wahren Lebenstiefe heraus barmherzig sein* sollet; denn eine durch Romanlektüre bewirkte Weichherzigkeit und Erbarmung hat bei Mir durchaus keinen Wert und ist um nicht vieles besser als eine Blindliebe und Heirat auf dem Theater. Solchen ‚barmherzigen' Menschen will Ich einst auch den Lohn geben, der der Grund ihrer Barmherzigkeit war. Sie sollen auch jenseits große Bibliotheken von zahllosen Romanen antreffen und werden nicht eher aus denselben gelangen, bis sie es lebendig an sich erfahren werden, daß eine geschriebene Liebe und ein geschriebenes Leben durchaus keine Liebe und kein Leben sind.

16] Wer nicht aus Mir liebt und nicht von Mir lernt, der tut alles, was er tut, wie ein Toter und wird nicht eher seinem Grabe entsteigen, als bis Jesus nicht über seinem Grabe weinen wird. — Verstehet solches wohl; es ist eine große Tiefe darinnen, und so sei das Leben euer Amen!

25. KAPITEL

„Seid also nicht besorgt, und saget nicht: ‚Was werden wir essen? Was werden wir trinken? Womit werden wir uns kleiden?' Nach solchem allem trachten die Heiden. Denn euer Vater weiß, daß ihr das alles bedürfet." (Matthäus 6, 31—32)

Am 31. Januar 1844 abends

1] „Seid also nicht besorgt, und saget nicht: ‚Was werden wir essen? Was werden wir trinken? Womit werden wir uns kleiden?' Nach solchem allem trachten die Heiden. Denn euer Vater weiß, daß ihr das alles bedürfet."

2] Sehet, Meine Lieben, das sind wieder ein paar viel längere Texte; aber dafür sind sie auch schon in all ihrer Bedeutung frei und offen gestellt und haben ihren geistigen Sinn also offen tragend, daß ihn beinahe ein jeder Mensch für seinen Bedarf mit den Händen greifen kann. Überhaupt aber könnt ihr euch das merken, daß nicht in Meiner Mundlehre das Schwierigste zu begreifen liegt, sondern das Schwierigste liegt allezeit in Meinen Taten. Warum denn?

3] Die Lehre mußte ja also gestellt sein, daß sie auch von der Welt ohne viele Mühe begriffen werden kann; denn was nützte aller Welt eine in tiefster Weisheit abgefaßte Lehre? Die wäre für die Welt gerade das, was für euch ungefähr die japanische Sprache ist; sie würde nie auch nur ein Jota davon verstehen.

4] Nehmet zum Beispiel die in etwas tieferer Weisheit abgefaßte Offenbarung Johannis! Ihr habt doch schon so manche Erklärungen darüber gelesen — und wisset im Grunde doch noch nicht, was ihr aus dieser

Offenbarung machen sollet, und wozu sie neben dem Evangelium gut ist.

5] Darum aber war Meine Lehre allzeit also gestellt, daß sie von aller Welt sogleich in ihrer wahren Bedeutung verstanden werden kann. Wer den überaus zweckdienlichen und leichtfaßlichen Buchstabensinn beachtet, der kommt dann schon um so leichter auf den sehr offen liegenden geistigen Sinn.

6] Und also gehören die zwei vorliegenden Texte zu demjenigen Teil Meiner Lehre, welcher von Meinen Jüngern nicht hart genannt wurde; auch nicht zu den Gleichnissen, die Meine Jünger nicht immer verstanden, sondern sie gehören — die zwei Texte nämlich — zu demjenigen Teil Meiner Lehre, wo Meine Jünger sagten: „Nun redest Du offen heraus, was Du willst, und wir verstehen Dich!“

7] Was enthalten demnach diese zwei Texte? Nichts als eine einfache brüderlich-freundschaftliche Warnung vor der Welt, und Ich will damit anzeigen, daß die Menschen alle Sorge auf Mich legen sollen und nur in der Tat Mein Reich suchen sollen; alles andere wird ihnen eine freie Hinzugabe werden.

8] Das ist demnach der ganz natürliche Sinn dieser Texte; in diesem ist aber der geistige auch schon mit den Händen zu greifen. Denn was da widerraten ist für den Leib, dasselbe gilt auch für die Seele und für den Geist und möchte ungefähr also lauten:

9] Seid nicht ängstlich bekümmert, eure geistigen Seelenkräfte durch allerlei mühsames Studium auszubilden! Sorget euch nicht um die Universitäten und um allerlei Doktordiplome, sondern liebet Mich, euren Vater, und Ich werde euch umsonst die Weisheit der Engel geben; und das wird doch mehr sein, als so ihr alle Doktorhüte und Diplome euch auf der Welt erworben hättet!

10] Denn alle noch so großen Gelehrten der Welt bringen samt ihren Diplomen und Doktorhüten nicht heraus, was mit dem Menschen nach seines Leibes Tode geschieht, während der, dem Ich die Weisheit gab, solches im kleinen Finger mit der überzeugendsten Evidenz[1] herumträgt.

11] Ja, Ich sage euch: In dieser Hinsicht sind die Tiere mit ihrem dumpfen Ahnungsvermögen besser daran als so manche großen Weltweisen. Dahierher gehört auch der Text: „Was nützt es dem Menschen, so er die ganze Welt gewönne, aber dabei an seiner Seele Schaden litte?"

12] Wer da nicht weiß, was einst mit ihm wird, der zeigt schon, daß er eine schadhafte Seele hat. Wie aber ein Künstler auf einem beschädigten Instrument nichts Erhebliches zu leisten imstande ist, also kann auch ein Geist durch eine von der Welt stark beschädigte Seele nichts Erhebliches fürs ewige Leben wirken; denn er muß ja seine Kraft dahin verwenden, die Lücken der Seele zu ergänzen. Wie sollte er aber als ein ewiger Flickschuster je einen gesunden, vollkommenen Stiefel zuwege bringen, in dem sein fester Lebensfuß einen gerechten Schutz und eine feste Unterlage fände?

13] Darum soll sich alsdann niemand wie in leiblicher, also auch in seelischer Hinsicht sorgen, was er essen und trinken und womit er sich bekleiden wird; denn für alles das werde schon Ich sorgen, wenn er tätig ist aus der Liebe zu Mir nach Meiner Lehre.

14] Das ist der ganze, leicht faßliche Sinn; wer ihn

---

[1] Gewißheit.

lebendig beachten wird, der wird auch besser daran sein als alle Spekulanten, Wucherer und Gelehrten aller Art. Amen.

26. Kapitel

„Doch jene Meine Feinde, die Mich nicht zum Könige über sich haben wollten, bringet her, und erwürget sie vor Mir!“ (Lukas 19, 27)

Am 3. Februar 1844 abends

1] „Doch jene Meine Feinde, die Mich nicht zum Könige über sich haben wollten, bringet her, und erwürget sie vor Mir!“

2] Vorliegender Text ist beinahe wohl zu leicht, als daß man darüber eine lange Erklärung geben sollte, und gehört ebenfalls zu denjenigen, worüber die Jünger nicht fragten: „Wie sollen wir das verstehen?“ Denn diesen Text verstanden sogar die blinden Pharisäer, die da genau wußten, daß Ich unter den zu erwürgenden Bürgern der Stadt sie gemeint habe.

3] Das wäre aber freilich wohl ein enger Sinn; dessenungeachtet aber ist auch der allgemeine durchaus nicht schwer zu erkennen, man braucht nur zu wissen, daß ‚erwürgen‘ soviel wie ‚richten‘ heißt, so hat man dann schon das Ganze.

4] Wer sind denn die ‚Bürger‘ der Stadt, die den König nicht wollten? Blicket hinaus in die Welt, und ihr werdet solche Bürger in allen Straßen, Ecken und Winkeln in einer Unzahl erblicken, die den König nicht wollen! — Die ‚Stadt‘ ist die Welt; ihre ‚Bürger‘ sind die Weltmenschen, die von Mir nichts wissen wollen.

5] Die zehn mit den Pfunden Beteilten sind die wenigen Auserwählten, die unter diesen Weltbürgern leben; darunter aber selbst noch einer träge ist und will nicht wirtschaften mit dem einen ihm anvertrauten Pfunde.

6] Unter diesem ‚einen' werden verstanden diejenigen, welche das Wort Gottes wohl annehmen und anerkennen, aber sie sind zu träge, danach zu handeln; darum wird ihnen auch am Ende das genommen, was sie haben, und es wird dem gegeben, der da zehn Pfunde hat.

7] Warum denn? — Weil der vollkommen nach Meinem Worte gelebt hat, daher in der Volliebe zu Mir ist, also im Vollfeuer und Volleifer; daher gebührt ihm auch, wie einer Sonne, das komplette Vollicht.

8] Wer aber kein Feuer hat, der hat auch kein Licht und gleicht einem Planeten, der nur mit fremdem Lichte prunkt, welches ihm nicht bleiben kann. Wird er von seiner Sonne genommen, so schwebt er dann als ein finsterer Klumpen in seiner durch sich selbst gerichteten Verworfenheit von einer Unendlichkeit zur andern!

9] Aus diesem Gesagten läßt sich schon sehr leicht erkennen, was obenangeführter Text in sich trägt, — nichts anderes nämlich als das Gericht alles Welttümlichen.

10] Nur kommt hier noch eine dritte Art Wesen vor, zu denen der Herr oder der König spricht: „Bringet die Bürger der Stadt hierher, die Mich nicht zum Könige wollten, auf daß sie erwürgt werden!"

11] Wer sind diese? — Wer sonst wohl als die Engel der Himmel, von denen ihr schon lange wisset, wie sie allenthalben die Leiter Meiner Gerichte sind. Diese werden die Welt allzeit richten.

12] Warum denn? — Weil sie, Nummer eins, Eins sind mit Mir, und darum, Nummer zwei, der schroffste Gegensatz zur Welt. Darum sie Eins sind mit Mir, haben sie alle Macht und Gewalt aus Mir; und darum sie der schroffste Gegensatz sind zur Welt, darum auch wird diese allezeit von ihnen gerichtet.

13] Das ist der ganz einfache, wohl zu beachtende Sinn dieses Textes.

14] Manchmal wurden unter den ausgeteilten Pfunden die verschiedenen auszubildenden menschlichen Anlagen verstanden. Doch solches ist grundfalsch. Denn würde das gelten, da wäre dadurch der höchst gotteslästerliche St. Simonismus[1] eine Gott über alles wohlgefällige Sache, der auch die Ausbildung des Diebes- und Mördertalentes als eine billige Sache ansieht. Das ist aber doch sicher nicht der Sinn, der den ausgeteilten Talenten oder Pfunden zugrunde liegt.

15] Diese ausgeteilten Talente und Pfunde sind allein das ausgeteilte Wort Gottes. Wer es zugleich lebendig hat, der hat die zehn Pfunde; lebendig aber hat er es, wenn er es in seiner Liebe hat oder in seinem Herzen.

16] Wer aber die fünf Pfunde hat, der hat das Wort in seinem lebendigen Glauben, danach er tätig in der Liebe werden kann.

17] Wer die drei Pfunde hat, der hat das Wort Gottes in seinem Verständnis; wenn er danach tätig wird, so wird er die Weisheit erlangen.

18] Wer aber nur ein Pfund hat, der hat zwar auch das Wort Gottes in seiner Erkenntnis; aber es ficht ihn nicht an. Er hat zwar nichts gegen dasselbe, — er hält es im Gegenteil für schön, gut und wahr; aber

[1] Handel mit geistlichen Ämtern und Würden.

wenn er vollernstlich danach tätig werden soll, da spricht er:

19] „Ja, wenn man nicht auf die Welt hier beschränkt wäre und müßte darum das Weltliche der Welt wegen tun, da wäre es freilich sehr löblich, vollkommen dieser Lehre gemäß zu leben. Aber man muß einmal in der Welt leben, und so muß man sich auch nach ihr richten, sonst wird man leichtlich als ein Sonderling ausgeschrien; man verliert seine Ehre und Reputation[1] und stellt sich dadurch also isoliert dar, daß man dann auch nicht mehr in der Welt zu wirken imstande ist, wo es zu wirken zu einem guten Zwecke notwendig gewesen wäre!"

20] Der Reiche spricht: „Ich wollte mit meinem Vermögen ja wohl evangelisch gebaren[2], wenn die Zeitumstände anders wären; aber die Welt ist nun einmal Welt, und da heißt es mit dem Vermögen also umgehen, daß man fürs erste im Alter selbst nicht darben muß, und daß auch die Kinder mit der Zeit diejenige nötige Versorgung finden, die sie vor der Welt unabhängig stellt."

21] Der Beamte aber spricht: „Mein Gott! Wo sollte ich die Zeit hernehmen? Amts- und Herrendienst geht vor Gottesdienst! Wenn ich mich einmal in den Ruhestand setzen werde, dann will ich auch in Gottes Namen den Rosenkranz zur Hand nehmen, oder: ich will nach dem Evangelium leben, soviel es sich ohne große Beschränkung meiner Verhältnisse tun läßt!"

22] Der Geistliche spricht: „Wenn man nur die Pflichten seines Standes erfüllt, den man in der Welt bekleidet, und das alles Gott aufopfert, so hat man genug getan!"

---

[1] Ansehen; [2] dem Evangelium gemäß verfahren.

23] Ich aber sage dazu: „Das sind lauter einpfündige Pfundvergräber, und es wird ihnen allen ergehen, wie es von dem evangelischen Einpfund-Inhaber gesagt ist!"

24] Warum denn? — Weil da in keinem auch nur ein Fünklein Liebe zu Mir werktätig anzutreffen ist! Diese ziehen eine gewisse Bequemlichkeit ihres irdischen Lebens allzeit Mir vor.

25] Der Reiche ist mit Mir zufrieden, solange er durch sein Geld sich und seine Familie überaus wohl versorgt erblickt; welche lebendige Liebe aber hat er aufzuweisen und welches Vertrauen zu Mir in der Tat, so er selbst nach allen Kräften sorgt, daß er und seine Familie einst nicht darben möchten? Für ein solches Zutrauen wird sich ein jeder bedanken.

26] Wenn ein Wechsler einen Sachwalter bestellt, ihm aber nie einen Groschen ernstlich anvertraut, wird der Sachwalter da nicht bald sagen: „Wie, mein Freund, hältst du mich denn für einen Spitzbuben und meine große Kaution für null und nichtig, daß du mir nicht um einen Groschen Zutrauen schenkst? Verwalte dein Vermögen selbst; ich aber fordere meine Kaution zurück."

27] Dasselbe werde auch Ich mit solchen reichen Christgläubigen tun und werde Meine Kaution von ihnen nehmen; denn für einen Narren lasse Ich Mich von ihnen nicht halten und noch weniger für einen Lügner und Betrüger, für das sie Mich werktätig halten, darum sie Mir nicht trauen und daher selbst für ihr Bestehen sorgen.

28] Desgleichen werde Ich auch zu jenen Beamten und Geistlichen aller Sekten sagen, die den Weltdienst und die Erfüllung der Standespflichten für den Gottesdienst halten: „Habt ihr umsonst gedient? Hat euch die Erfüllung der Pflichten eures Standes keinen Gewinn abgeworfen? Habt ihr aus Liebe zu Mir oder aus Liebe zu den Vorteilen, die aus der Erfüllung der Standespflichten folgen, eben diese eure Standespflichten erfüllt?"

29] Wenn sie sagen werden: „Wir taten das Gute und das Rechtliche des Guten und des Rechtlichen selbst willen und durften auch mit gutem Gewissen diejenigen Vorteile genießen, die die Folge guter und rechtlicher Handlungen sind",

30] dann aber werde Ich sagen: „Also seid ihr ja bezahlte Arbeiter gewesen und habt euren Lohn empfangen. Wieviel aber habt ihr dabei mit dem einen, euch anvertrauten Pfunde für Mich gewonnen? Zeiget den Gewinn!

31] Und wahrlich, da werden alle diese das nackte Pfund aufweisen und werden sagen müssen: „Herr, das Pfund war in den Verhältnissen, in die wir auf der Welt gestellt waren, nicht zu gebrauchen; wir aber erkannten es als ein Heiligtum, darum tasteten wir es auch nicht an."

32] Und Ich sage: Da wird mit ihnen ebenfalls das geschehen, was von dem evangelischen Einpfündler ausgesagt ist, und diese Einpfündler werden jenseits ganz entsetzlich lange zu tun haben, bis sie sich auf einen Heller werden heraufgearbeitet haben. Da wird viel Heulens und Zähneklapperns vorangehen!

33] Ich meine, das wird auch klar sein; beachtet es, auf daß ihr nicht unter die Einpfündler geraten möchtet! Amen.

27. Kapitel

„Ich nehme nicht Ehre von Menschen.“ (Johannes 5, 41)

Am 5. Februar 1844 abends

1] „Ich nehme nicht Ehre von Menschen.“

2] Dieser Text gibt in kurzen Worten kund, welchen Bund Ich mit den Menschen habe, nämlich keinen Bund der Ehre. Denn die Menschen, wie sie sind, sind Mir wirklich keine Ehre. Dazu habe Ich die Menschen auch nicht erschaffen, daß sie Mich ehren sollen.

3] Einen Bund aber habe Ich mit den Menschen, und dieser heißt Liebe und besagt etwas ganz anderes als die Ehrung.

4] Wer sind die, die sich ehren lassen? Das sind die Fürsten und Großen der Welt.

5] Warum lassen sie sich ehren? Weil sie mehr sein möchten als Menschen, obschon ihnen ihr Bewußtsein sagt, daß sie nicht mehr als Menschen sind.

6] Was ist die Ehre, die man jemandem erzeigt? Sie ist nichts anderes als urgründlich die Furcht vor dem Stärkeren und Mächtigeren. Denn der Schwächere fürchtet die Schläge des Mächtigeren und dessen Unbarmherzigkeit; darum kriecht er vor ihm und ehrt ihn und betet ihn förmlich an, damit der Mächtigere, durch solche Schmeichelei bestochen, ihm die Schläge erlassen möchte. Je ehrfurchtsvoller aber der Schwächere gegen den Stärkeren wird, desto ehrsüchtiger und grausamer wird auch der Stärkere.

7] Frage hier: Ist solche Ehrung eine Frucht edlen oder bösen Samens? Ich meine: Wie die Frucht, so wird auch der Same sein!

8] Meinet ihr aber demnach, daß Ich das von den

Menschen nehmen sollte, was vor Mir ein Greuel und der scheußlichste Ekelgeruch ist?

9] Aus welchem Grunde sollte Ich Mich von den Menschen ehren lassen? Etwa weil Ich Gott, und die Menschen Meine Geschöpfe sind? Weil Ich allmächtig und alle Menschen gegen Mich gar nichts sind?

10] Was würde Ich wohl haben von solch einer Ehre? Werde Ich dadurch etwa mehr Gott, und wird dadurch Meine Allmacht größer?

11] Bei den Menschen ist dieser Akt noch verzeihlicher; denn so viel Schwächere einen Stärkeren hoch ehren, so gewinnt er dadurch an Macht und Ansehen. Wo sieht aber für Mich ein Gewinn heraus, so Mich die Menschen wie andere Große auf der Erde ehren? Ich meine, diesen Gewinn dürfte wohl ein allerscharfsichtigster Cherub mit dem allerbesten Mikroskop, das ein Atom bis zu einer Hauptzentralsonne vergrößern möchte, nicht entdecken; denn Ich bin Gott, allmächtig von Ewigkeit.

12] Könnte Ich durch die Ehrungen der Menschen wohl noch mehr werden? — Ich meine kaum; daher habe Ich auch nirgends ein Gesetz erlassen: „Du sollst Gott, deinen Herrn, ehren über alles!“, sondern nur lieben über alles. Darum heißt es denn auch im vorliegenden Verse, daß Ich nicht die Ehre bei den Menschen suche; denn da ist schon in Mir Einer, der Mich wahrhaft ehrt von Ewigkeit.

13] Welche Freude Ich aber danach an den „Ad maiorem Dei gloriam“-Taten habe, oder wie man bei euch auf der Welt zu sagen pflegt: „Alles zur Ehre Gottes!“, könnet ihr aus diesem Verslein leicht ersehen; denn wer Mich nicht ehrt in seinem Herzen wie eine vor Liebe brennende Braut ihren Bräutigam, des Ehre ist vor Mir ein Greuel!

14] Was habe Ich von dem tausendfachen „Herr, wir ehren Dich!“, wobei aber die Herzen voll Dreckes sind? — Auf eine solche Ehre soll von der ganzen Hölle aus geschmissen werden!

15] Denn alle, die Mich ehren auf solche zeremonielle Weise, sind die „Herr-Herr!“-Rufer, und sie mögen Mir tausend Litaneien vorsumsen und sagen: „Herr, wir ehren Dich und preisen Deine Stärke!“, „Herr, wir bitten Dich, erhöre uns!“ und „Herr, erbarme Dich unser!“ und mögen tausendmal hinzusagen „Ehre sei Gott dem Vater!“ usw.

16] Ich aber werde ein solches Gewäsch dennoch nie erhören und werde allzeit zu den „Herr-Herr!“-Sagenden sprechen: „Weichet von Mir; denn Ich habe euch noch nie erkannt! Ihr habt der Ehrgebete und Litaneien in großer Menge gehabt; warum aber habt ihr nicht auch eine Litanei erfunden, in der es lebendigermaßen heißen möchte — nicht: „Herr, wir ehren Dich!“, sondern: „Lieber heiliger Vater, wir lieben Dich!“?

17] Man wird hier freilich einwenden und sagen: „Die Ehre[1] Gottes muß sein! Denn sie ist eine edle Frucht der wahren Gottesfurcht; denn wer Gott nicht fürchtet, der ist aller bösen Taten fähig.“

18] Ich aber sage: Wennschon Gottesfurcht besser ist, als böse Taten üben, so wird aber dennoch aus einer solchen Gottesfurcht für niemanden ein ewiges Leben erwachsen, weil ein furchtsames Gemüt schon ein gerichtetes ist.

19] Denn wer das Schlechte nur aus Furcht vor Mir unterläßt, der wird eine harte Probe zu bestehen haben; denn in der Furcht vor Mir ist keines Menschen Geist

[1] Ehrung.

einer Beseligung fähig, und es wird ihm zuvor die Furcht benommen werden, und es wird sich dann zeigen, was er ohne Furcht vor Mir tun wird.

20] Also sind wohl auf der Erde auch viele Sträflinge in den Kerkern durch die Furcht vor der Strafe in der gesetzlichen Ordnung erhalten; werden sie aber nach der Strafzeit auf freien Fuß gestellt, so sind sie zehnmal ärger denn früher.

21] Alle Höllengeister leben und bestehen in der größten Furcht vor Mir; Mich nur von ferne zu erschauen oder Meinen Namen zu vernehmen, ist für sie das Schrecklichste! Welcher Tor aber wird da behaupten, daß die Höllengeister darum gut seien, weil sie eine so große Furcht vor Mir haben?

22] Ich setze aber ein Beispiel: Es gäbe irgend auf der Erde einen so überaus guten Menschen, der zwar überaus wohlhabend wäre, dabei aber die größte Liebe, Sanftmut und Zuvorkommenheit selbst, und jeder Mensch, der zu ihm käme — welchen Standes er auch sein möchte, welcher Nation, ob Freund oder Feind —, würde von ihm allzeit auf das liebreichste aufgenommen werden. Frage: Welcher Mensch müßte da wohl ein so großer Tor sein und möchte so einen Menschen fürchten ärger denn einen Scharfrichter?

23] Welcher Mensch aber ist wohl besser, liebreicher und sanftmütiger als Ich? Und dennoch will man sich lieber fürchten vor Mir, als Mich lieben mit der größten Zutraulichkeit!

24] Dennoch aber sage Ich: Die Mich fürchten und ehren, die scheinen das aus gutem Grunde zu tun; denn sie wissen, daß ihr Herz aller Liebe ledig ist. Darum wollen sie das durch die Furcht bei Mir ersetzen.

25] Aber es geht ihnen dabei wie einer Braut, die ihrem allergetreuesten Bräutigam untreu geworden ist und ward zu einer Hure. Warum ward sie das? Weil sie die Liebe in ihrem Herzen zu ihrem Bräutigam vergab.

26] So aber der Bräutigam kommen wird, wird er die mit bebender Furcht erfüllte Braut auch also ansehen und annehmen, als so sie ihm flammenden Herzens wäre entgegengekommen? Wird er nicht etwa zu ihr sagen:

27] „Wie siehst du aus? Also habe ich dich nie gesehen! Warum bebst du vor mir, der dich über alles liebte? Wahrlich, in diesem Zustande mag ich dich nicht erkennen! Was habe ich dir je getan, daß du mich fürchtest? Wie hat solche Furcht deine ehemalige Liebe verdrängen können? Wie soll ich dich nun glücklich machen, ich, den du nicht liebst, sondern fürchtest?! — Also muß ich weichen von dir aus Liebe zu dir, auf daß die Furcht vor mir in deinem Herzen dich nicht länger quäle!“

28] Sehet, in diesem Beispiel liegt das „Ich kenne euch nicht, ihr ‚Herr-Herr!‘-Sager!“ klar und deutlich erklärt, und darum will Ich nicht die Ehre der Menschen als die Frucht der Furcht, sondern die getreue kindliche Liebe will Ich!

29] Danach trachtet ihr in eurem Herzen, so werde Ich Mich euch nahen können, aber nicht in eurer Ehrung und Furcht! Seid liebfreie[1], aber nicht durch Furcht gerichtete Täter Meines Wortes; darin werdet ihr das ewige Leben finden und Mich, euren Vater! Amen.

[1] durch die Liebe frei gewordene.

28. Kapitel

„Danach gingen viele Seiner Jünger zurück und wandelten nicht mehr mit Ihm." (Johannes 6, 66)

Am 8. Februar 1844 abends

1] „Danach gingen viele Seiner Jünger zurück und wandelten nicht mehr mit Ihm."

2] Dieser Text paßt, wie ihr zu sagen pfleget, auf ein Haar für unsere Sache in jeder Beziehung.

3] Warum gingen denn viele Meiner Jünger von Mir und wollten nicht mehr mit Mir wandeln, da Ich ihnen die Lehre vom Genusse Meines Fleisches und Blutes gab? — Die Ursache dieser Erscheinung lag vorerst in der Trägheit Meiner Jünger, darauf folgend aber auch sogleich in ihrem Hochmute.

4] In der Trägheit lag der Grund darum, weil sie nicht wollten sich so viel Gewalt antun, daß sie Mich wenigstens frageten, wie es hernach Meine Brüder taten, wie solche Lehre zu verstehen sei.

5] Und der Hochmut war darauf also die Folge: Da die Jünger vorerst zu träge waren, sich einer höheren Erkenntnis zu befleißen, aber dennoch Meine Schüler waren, so verdroß es sie nun, daß Ich eine Lehre gab, die über ihren Erkenntnishorizont hinausging. Sie fühlten sich dadurch vor dem andern Volke beschämt, weil sie Mich auch nicht verstanden hatten, wollten Mich aber nun auch zufolge dieses Hochmutspitzels nicht fragen vor dem Volke, um sich dadurch nicht das Zeugnis zu geben, als hätten sie Mich als Meine Schüler nicht verstanden.

6] Denn gewöhnlich geschah es, daß nach einer Lehre von Mir Meine Jünger von dem Volke häufig gefragt wurden, wie dieses oder jenes zu verstehen sei.

Da gab es dann gewöhnlich allzeit eine Menge Seitenerklärungen von seiten Meiner Jünger, und ihrem Ehrgeize schmeckte oft so manche Belobung über ihre verständige Erklärung irgendeiner fürs Volk etwas schwer verständlichen Lehre.

7] Auch bei dieser Gelegenheit waren viele dieser Jünger über den Sinn dieser Lehre befragt, konnten aber diesmal keine Erklärer abgeben, weil sie die Lehre selbst nicht verstanden hatten; daher zogen sie sich diesmal auf eine andere Art aus der Schlinge. Sie beschuldigten Mich einer harten Lehre wegen, die kein Mensch verstehen könne, und da ihnen solches zu keiner Ehre vor dem Volke gereichte, so schmähten sie lieber über Mich, erklärten alle Meine frühere Lehre für gleichlautend[1] mit dieser und glaubten nicht mehr an Mich und verließen Mich.

8] Aus dieser ganz getreuest aus dem damaligen Leben gegriffenen Darstellung kann jedermann mit der größten Leichtigkeit erkennen, daß an diesem üblen Begebnis nichts schuld war als vorerst die Trägheit und dann der Hochmut Meiner Jünger. Die Trägheit, weil sie immer um Mich waren und glaubten ebensoviel zu verstehen wie Ich — wozu sollten sie sich dann irgendeine Mühe geben, um dadurch tiefer in den Geist Meiner Lehre einzudringen? Der Hochmut aber ward rege, als Ich sie einmal auf die Probe stellte, wie viel sie verstehen, und ihnen handgreiflich zeigte, daß der Jünger nicht ist über den Meister.

9] Und sehet, diese zwei Grundursachen sind auch die Hauptstützen der meisten Verderbtheit des menschlichen Geschlechtes! Denn zuerst ist der Mensch träge und steht müßig da den ganzen Tag

[1] gleich unverständlich.

über. Wenn er aber dann gefragt wird: „Warum stehst du den ganzen Tag müßig?“, so wird er sagen: „Es hat mich ja niemand gedungen!“

10] Und wenn Ich dann zu ihm sage: „So gehe doch wenigstens nun am Abende hin, und arbeite eine Stunde, und Ich will dir geben, was recht ist!“, da wird er sagen: „Herr, wie kannst Du mir diese Schande antun und mich hinstellen zum Gelächter derjenigen, die den ganzen Tag gearbeitet haben? Willst Du mir schon etwas geben, so schenke es mir lieber, aber mache mich nicht als einen Faulenzer ruchbar vor den Arbeitern!“

11] Sehet, hier will der Träge anfangs nicht arbeiten; am Ende aber schämt er sich zu arbeiten vor den Fleißigen. Warum denn? Weil das seinem verborgenen Hochmute nicht schmeichelt! Er möchte wohl fürs Wohltun seinem Hochmute mit den Fleißigen gleichen Lohn haben; aber zur Arbeit ist er anfangs zu träge und bald darauf zu hochmütig.

12] Der Herr aber wird nicht so unweise sein und die Trägheit und den Hochmut dem Fleiße gleichsetzen und wie ihn belohnen.

13] Daß solches alles höchst richtig ist, will Ich euch noch durch mehrere kleine Beispiele zeigen:

14] Nehmen wir an zwei Studierende; der eine ist von Anfang an fleißig und der andere träge. Der Fleißige wird auch am Ende die Früchte seiner Mühe ernten; was aber wird der Träge am Ende für einen Vorwand und für eine Gunstrede für seine Trägheit hervorbringen? Er wird sagen:

15] „Der Fleißige war ein dummer Kerl und hat nicht eingesehen, daß er lauter dummes Zeug in seinen Gehirnkasten hineinschoppt; ich aber fand das entsetzlich Alberne der Lehrgegenstände und habe es den ersten Augenblick für unwürdig gefunden, meinen viel erhabeneren Kopf mit solcher Torheit anzustopfen. Und da nichts anderes vorgetragen ward, so fand ich diese meine erste Erkenntnis für viel höher und besser als all den zu erlernenden Quark!"

16] Seht, da geht offenbar der Hochmut aus der Trägheit hervor! Wer sich davon werktätig überzeugen will, der setze sich nur in eine vertrauliche Zwiesprache mit derlei Individuen, und er wird alles das von Punkt zu Punkt bestätigt finden.

17] Nehmen wir aber zwei Musiker; der eine hat es durch seinen Fleiß zu einer großen Kunstfertigkeit sowohl in praktischer als in theoretischer Hinsicht gebracht, der andere aber, ein Sohn der Trägheit, blieb zufolge seiner geringen Mühe bei der untersten stümperhaften Mittelmäßigkeit stehen. Nun fraget ihn aber, warum er es nicht auch so weit gebracht habe wie sein Mitschüler. Da wird er sagen:

18] „Weil ich nicht so wie jener blutarme Teufel darauf angestanden habe[1]; denn ich bin ohnehin reich. Warum sollte ich mich da also plagen? Solcher Fleiß gehört nur für arme Teufel, und was liegt denn daran, ob man solch schweren musikalischen Quark selbst spielen kann oder nicht? Wenn man ihn nur versteht, wozu eben nicht viel gehört; spielen werden ihn schon solche armen Teufel, damit sie dadurch auch sich ein Stückchen Brot verdienen können. Zudem rührt ja auch alle solche schwere Musik von armen Teufeln her, und es wäre für einen Reichen eine barste Schande, sich mit derlei Früchten der Armseligkeit zu befassen."

19] Sehet hier wieder ein aus dem Leben gegriffenes

[1] angewiesen war.

Beispiel, und ihr werdet daraus wieder ersehen, aus welchem Grunde Meine Jünger Mich verließen. Gehen wir aber weiter!

20] Also spricht jemand, der gefragt wird, warum er sich nicht eifriger mit der Erkenntnis der rein christlichen Religionsgrundsätze befaßt: „Ich verstehe diese Sachen nicht und habe mich auch nie damit abgegeben, und das aus dem Grunde, weil ich es fürs erste für eine Läpperei halte, an der nicht viel daran ist, und fürs zweite, weil man durch derlei religiöse Grübeleien am Ende höchstens ein Narr werden kann."

21] Sehet, bei diesem Menschen war zuerst die Trägheit und dann sein daraus hervorgehender Hochmut der Grund, daß er gleich diesen Jüngern spricht: „Wer kann solch eine Lehre für wahr halten und sich daran kehren? Daher ist es besser, gleich diesen Jüngern den Herrn im Stiche zu lassen."

22] So sagt auch ein verarmter Lump, wenn er gefragt wird: „Warum bist denn du in solche Armut gekommen? Du hattest doch, wie nicht leichtlich ein anderer, Gelegenheit, dir so manchen Groschen zu ersparen." Und seine Schutzrede lautet: „Ich habe solches Sparen zufolge Meiner erhabenen Natur für zu bettelhaft armselig gefunden, und es gehört nun zu meiner Ehre, daß ich dürftig umhergehe."

23] Sehet, da ist wieder ein Beispiel, wo ein Mensch zuerst träge ist und sich nicht insoweit verleugnen kann, seinem Wesen einen Abbruch zu tun, um sich dadurch ein Vermögen zu sammeln; am Ende aber, da es ihm klar wird, daß er nichts hat, da wird er erst hochmütig und pocht noch obendrauf auf seinen lumpigen Zustand.

24] Ich meine, wir haben der Beispiele genug, um aus ihnen allerklarst einzusehen, wie vielseitig Ich bei jeder Gelegenheit von Meinen Jüngern verlassen werde, wenn es heißt: „Von jetzt an leidet das Himmelreich Gewalt!“

25] Also gehen auch eine Menge Wanderer auf ein hohes Gebirge. Solange es bequem geht, da gehen alle recht hurtig mit; wenn aber die Steilen des Hochgebirges kommen und es heißt: „Von da an braucht die Besteigung des Berges Gewalt und Kraft!“, da kehren sie um, und nur sehr wenigen gelingt es, die Spitzen des Hochgebirges zu erklimmen.

26] Demselben Sinne unterliegt auch das: Solange der Mensch Mein Reich beim Lesepult sucht, da geht es gut; aber wenn es heißt: „Das Lesen genügt nicht, sondern nur der Handlung gebührt die Krone. Denn das Fleisch ist zu nichts nütze. Der Buchstabe tötet; nur der Geist ist es, der lebendig macht!“, da wird der Herr auch allzumeist von Seinen Jüngern verlassen, wie der Text zeigt.

27] Beachtet somit diese Erklärung tätig, so werdet ihr nicht, wie die Jünger, euren Herrn verlassen! Amen.

29. Kapitel

„Und die Teufel baten Ihn und sprachen: ‚Schicke uns zu den Säuen, daß wir in sie fahren!‘“ (Markus 5, 12)

Am 9. Februar 1844 abends

1] „Und die Teufel baten Ihn und sprachen: ‚Schicke uns zu den Säuen, daß wir in sie fahren!‘“

2] Ich habe euch schon einmal gesagt, daß durchgehends in allen Meinen Taten die bei weitem tieferen und verborgeneren Geheimnisse Meines Seins im Fleische auf der Erde stecken. Denn die Worte habe Ich zu jedermanns Verständnis gestellt; aber nicht also steht es mit Meinen Taten. Diese verstanden selbst Meine Brüder nicht, bevor nicht der Heilige Geist über sie kam; und als sie sie verstanden, da ward es ihnen auch vom Geiste gesagt, daß sie vor niemandem sollen den tiefen Sinn der Taten kundgeben, weil die Welt ihn nie fassen kann und wird.

3] Und so verhält es sich auch mit dieser Tatsache! Möchte Ich euch ihren tiefsten Sinn vollständig dartun, so müßtet ihr die ganze Oberfläche der Erde dreimal überschreiben, um nur mit der Einleitung fertig zu werden. Zu der Hauptbedeutung dieser Tatsache aber hätte ein ganzes Sonnengebiet zu wenig Raum, um alle die Bücher zu fassen, die darüber geschrieben werden möchten. Daraus aber könnt ihr doch sicher abnehmen, was alles hinter einer solchen Tatsache steckt.

4] Wenn aber von einem Worte schon gesagt ist, wie es gleich ist einem Samenkorn, das in die Erde gesät wird und vielfache Frucht bringt, was kann da erst von einer wirklichen Tat Gottes gesagt werden? Denn es ist ein Unterschied zwischen dem „Gott sprach: ‚Es werde!‘“ und dem dann darauf gefolgten: „Es ward.“

5] Damit ihr euch aber dennoch von der Größe einer solchen Tat einen leisen Begriff machen könnet, so will Ich euch in aller Kürze einiges davon enthüllend kundgeben.

6] Warum richtet hier der Herr an den Dämon die Frage, wie er heiße, nachdem doch dem Allwissenden solches sicher bekannt war, daß in diesem besessenen Menschen nicht nur einer, sondern eine ganze Legion von Dämonen böswirkend vorhanden war? Der Herr fragte sicher nicht darum, als wollte Er den Namen dieser argen Geister erfahren; warum aber fragte Er hernach?

7] Er fragte, um diesen Dämonen kundzugeben, wer Er ist; denn aus der Frage erkennt man leichter die Beschaffenheit eines Wesens als aus der Antwort. Fraget einen Narren, und er kann euch eine Antwort geben, die euch stutzen machen wird. Lasset aber den Narren euch um etwas fragen, und ihr werdet ihn sogleich an seiner Frage erkennen. Im Geistigen aber ist es die einzige Art, sich zu erkennen durch die Frage, und so fragte auch der Herr hier nicht, um eine Antwort zu bekommen, sondern um Sich auf diese geistige Weise den Dämonen zu erkennen zu geben, wer Er ist.

8] Ähnliche Situationen kennt ihr auch und habt ihr auch schon bei den sogenannten Somnambulen beobachten können. Denn wenn ihr eine Somnambule fragt, so hat das nicht den Charakter im Leben der Somnambule, als wolltet ihr von ihr etwas erfahren, sondern eure Frage hat den Charakter einer Entblößung vor dem Leben der Somnambule, durch die euch die Somnambule inwendig beschaut, euch erkennt und dann den in euch vorgefundenen Mangel durch ihre Lebenstätigkeit ergänzt.

9] Diese Art ist freilich nur eine Mittelstufe zwischen einer rein weltlichen und rein geistigen Frage; dennoch aber hat sie für den tieferen Denker schon den geistigen Charakter in sich.

10] Also aber heißt demnach diese Frage des Herrn an die Dämonen soviel, als so Er gesagt hätte: „Sehet her! Eine Blöße in Mir, die ist, daß in Mir kein Böses ist!"

11] Und die Dämonen erschauen diese heilige Blöße und erkennen alsbald den Herrn der Ewigkeit in ihr; und daß sie dann sprechen: „Unser ist eine Legion!“, — dadurch geben sie etwa nicht ihre positive Zahl an, sondern sie geben dadurch nur in geistiger Weise kund, daß im Angesichte der höchsten Reinheit Gottes ihres Bösen in übergroßer Menge vorhanden ist.

12] Die Reinheit des Herrn selbst aber zwingt sie, zu weichen vor ihr. Aber die Bösen erschauen auch in der Mitte der göttlichen Reinheit die göttliche Erbarmung und wenden sich an diese. Sie nehmen in diesem Augenblick die Zuflucht zur Demut und verlangen da ihrem bösen Charakter gemäß, in den Schweinen Wohnung nehmen zu dürfen; und die Erbarmung des Herrn gewährt ihnen, was sie aus solcher Demut sich erbitten.

13] Als sie aber in die Schweine fahren, da erst erwacht wieder ihr vor dem Herrn verborgener Hochmut, und sie treiben die Schweine ins Meer, auf daß diese zugrunde gehen und sie, die Dämonen nämlich, sich darauf frei als Ungetüme in den Gewässern umherbewegen können.

14] Also sieht dieses Bild aus. Wer aber ist dieser besessene Mensch? — Dieser besessene Mensch ist geradewegs die Welt; in dieser sind diese Legion Dämonen, wie sie in diesem Menschen vorkommen.

15] Der Herr kommt zu dieser besessenen Welt in Seinem Worte. Die Welt möchte frei werden von ihrer geheimen Plage, und der Herr macht die Welt frei. Aber ihre innere böse Lebenstätigkeit ist in ihrem freien Zustande ärger als in ihrem gebundenen.

16] Wenn sie gebunden ist, da klagt sie über Druck und Plage; wenn Ich sie aber frei mache, da fliegt ihre Tätigkeit in die Schweine und stürzt sich von selbst in das Meer des Verderbens, und die etwas besseren Menschen der Welt suchen Mich auch noch obendrauf von sich zu entfernen, weil Ich ihnen für ihre Weltindustrie durchaus nicht zusage. Denn diese Gerasener[1] besagen soviel als die Träger des Welttums, oder noch deutscher[2] gesprochen: sie sind die eigentlichen Industrieritter.

17] Die Dämonen aber, die in die Schweine fahren, sind die Stutzer, Wohlschmecker, Wollüstlinge, Betrüger und allerlei Ränke- und Schwänkemacher. Wollt ihr diese sich ins Meer stürzenden Schweine von allerlei Farbe erblicken auf der Welt, so ziehet in die besonders großen Hauptstädte; da werdet ihr sie in großen Herden antreffen, welche vollkommen lebensgetreu der evangelischen[3] gleichen. Ihrer ist auch eine gar große Legion; sie sind alle von den unlautersten Dämonen besessen, und diese treiben sie ebenfalls in das Meer des sicheren Verderbens.

18] Sehet, das ist der für euch nutzbarerweise zu erkennende Sinn in dieser evangelischen Tat des Herrn. Daß aber hinter diesem ein endlos weit ausgebreiteter, noch viel inwendigerer Sinn vorhanden ist, braucht nicht zum zweiten Male näher angezeigt zu werden; denn fürs erste würdet ihr ihn nimmer fassen, und fürs zweite würde er euch keinen Nutzen, sondern nur einen Schaden bringen.

19] Darum begnüget euch mit dem; denn die Unendlichkeit ist zu groß, die Zahl der Geschöpfe in ihr unendlich, ihre Bestimmung für euch zu vielfach unerklärlich. Also könnt ihr auch unmöglich erfassen, wie der Besessene die ganze materielle Schöpfung und seine Inwohnerschaft die alten Gefangenen darstellt!

---

[1] oder Gadarener; [2] deutlicher; [3] denen aus dem Evangelium.

— Dieser Besessene ruht in den Gräbern und ist böse über die Maßen; sehet an die endlose Zahl der Gräber in der Unendlichkeit!

20] Doch genug davon! für euch ist es diesseits nicht an der Zeit, solches in der Tiefe zu erfassen. Beachtet somit das erste; solches wir euch nützen! Amen.

30. Kapitel

„Und Ich sende die Verheißung Meines Vaters auf euch. Bleibet aber in der Stadt, bis ihr angetan werdet mit Kraft aus der Höhe!" (Lukas 24, 49)

Am 12. Februar 1844 abends

1] „Und Ich sende die Verheißung Meines Vaters auf euch. Bleibet aber in der Stadt, bis ihr angetan werdet mit Kraft aus der Höhe!"

2] Dieser Vers hat schon offenkundig in seinem Buchstabensinne, was er innerlich in sich trägt, und gleicht in dieser Hinsicht einem freundlichen Menschen, der sozusagen sein Herz auf der offenen Hand seinen Freunden entgegenträgt, darum ihn auch nicht leichtlich jemand verkennen kann und jedermann auf den ersten Blick errät, was dieser freundliche Mann im Schilde führt.

3] Der gleiche Fall ist es, wie gesagt, mit diesem Text. Denn wenn der Sohn auffährt, so kommt in Fülle die Verheißung des Vaters zu denen, die in der wahren Hoffnung aus der Liebe auf solche Verheißung harrten.

4] Was besagt aber die Auffahrt des Sohnes, damit dadurch den Harrenden und den Zeugen die Verheißung des Vaters zugesandt werde? — Ihr wisset, was unter ‚Sohn‘ zu verstehen ist, die Weisheit des Vaters nämlich. Dem Sohne entspricht hernach auch alles in einem jeden Menschen, was da ein Angehör der Weisheit ist. Dergleichen Angehör ist der Verstand, die Vernunft, allerlei Wissenschaft und Erkenntnis.

5] Dieses Angehör der Weisheit muß aber zugleich auch in einem jeden Menschen diejenige Demütigung, gleichsam die Kreuzigung durchmachen, muß dann wie getötet in ein neues Grab im Herzen gelegt werden, von da wieder auferstehen und sich dann, dem Vater gänzlich hingebend und aufopfernd, in die Höhe begeben, um eins zu werden mit dem Vater.

6] Ist solches geschehen, dann erst wird die Verheißung des Vaters, welche ist das ewige Leben, in des Menschen Leben offenbar werden. Das ist der Akt der Wiedergeburt.

7] Aber nicht zugleich mit diesem Akt erfolgt die Taufe mit dem Geiste der Kraft, wie auch niemand alsogleich ein Kind nach der Geburt taufen soll, sondern wenigstens einige Tage danach, — wie solches bei den Juden auch ehestens erst am achten, zehnten oder zwölften Tage üblich war. Manchmal aber erfolgte die Beschneidungs-Taufe auch um vieles später; und so wird es denn hier auch zu den Aposteln und Jüngern gesagt, daß sie nach Meiner Auffahrt eine Zeitlang in der Stadt beisammenbleiben sollen, bis die Kraft aus der Höhe über sie kommen wird.

8] Diesen Zustand soll auch ein jeder Mensch beachten und sich nicht eher hinauswagen, als bis er die Taufe des Geistes empfangen hat! Denn ohne diese gleicht der wiedergeborene Geist einem schwachen Kinde, das wohl in jeder Hinsicht rein wie ein Engel da ist, aber Mangel habend an der wirkenden Kraft und an der dazu erforderlichen freien Einsicht.

9] Ihr wisset es, daß die Daniederkunft der Kraft aus der Höhe über die Jünger und Apostel am zehnten Tage nach der Auffahrt erfolgt ist. Was besagt solches wohl? Solches besagt und bezeugt die vollkommene Unterjochung des mosaischen Zehngesetzes im freigewordenen Leben des Geistes. Also muß ja der Geist zuvor von allen Fesseln und Banden freigemacht werden, als bis[1] er das Gewand der göttlichen Kraft aus der Höhe anziehen kann.

10] Wenn diese über ihn gekommen ist, so ist er dann vollkommen eine neue Kreatur aus dem Geiste der Liebe und aller Kraft aus ihr und kann dann erst wirken in der Vollkraft der göttlichen Liebe und Erbarmung. Denn durch solch eine Taufe des Heiligen Geistes aus der Höhe erst wird der Mensch von allen Banden des Todes gelöst und wird eins mit und in Christo und kann dann auch sagen: „Nun lebe nicht mehr ich, sondern Christus lebt in mir! *Nicht mehr ich bin nun mein Ich, sondern Christus Selbst ist das Ich in mir!*"

11] Darum aber muß auch zuvor — wie schon früher gezeigt wurde — alles dem Sohne Entsprechende im Menschen den Weg des Menschensohnes gehen, und für jeden heißt es unwiderruflich: „Nimm dein Kreuz und folge Mir nach, sonst kannst du nicht zur Auferstehung und zur Auffahrt zum Vater gelangen!"

12] Und hierher paßt auch wieder unsere Sache auf ein Haar, daß nämlich kein Mensch durch die vielseitige Ausbildung seines Verstandes mit Hilfe wohlgenährter Bibliotheken und hochtrabender Universitätsprofessoren zur Wiedergeburt und zur Taufe des

[1] „als bis" soviel wie ‚ehe', ‚bevor'.

Heiligen Geistes gelangen kann, sondern lediglich nur durch die Demut und große Liebe seines Herzens.

13] Er muß alles, was er von der Welt hat, bis auf den letzten Heller der Welt zurückgeben, also auch die hochmütig machenden Wissenschaften seines Kopfes, sonst wird es mit der Wiedergeburt und Krafttaufe seines Geistes ganz entsetzlich schmal aussehen.

14] Glaubet ja nicht, daß jemand schon dadurch sogleich ins Himmelreich eingehen wird, so er auch sein ganzes Vermögen an die Armen verabreicht hätte, und würde aber dennoch bei sich gedenken und sagen: „Herr! Wie ich barmherzig war, also sei auch Du barmherzig gegen mich!" Wer also spricht, dem fehlt noch ziemlich viel vom Reiche Gottes; denn da sind er und Christus noch nicht eins, sondern offenbar zwei, wo der eine dem andern gewisserart billige Bedingungen vorschreibt.

15] Der Ärmste unter euch Menschen bin immer Ich, oder auf deutsch gesprochen[1]: Am dürftigsten und am ärmsten ist bei jedem Menschen die eigentliche Lebenskraft seines Herzens. Diese muß zuerst gehörig reichlich dotiert werden, wenn eine andere Dotation[2] nach außen einen Wert haben soll; oder euer Herz muß vollends lebendig werden aus der Liebe zu Mir. *Ich Selbst muß eure ganze Liebe ausmachen;* dann erst könnet ihr aus dieser Liebe wahrhaft Verdienstliches zum ewigen Leben wirken, und das darum, weil da das Verdienstliche allein Mir zukommt. Ihr aber bleibet bloße reine Konsumenten Meiner Liebe, Gnade und Erbarmung.

16] Denn sobald noch jemand sagt: „Ich habe getan,

---

[1] deutlicher gesagt; [2] Gabe, Beschenkung.

und ich habe gegeben!", da ist er noch ferne von dem, der da spricht: „Ich bin allzeit ein fauler und unnützer Knecht gewesen!" und ist somit auch noch fern von Meinem Reiche. Nur wenn er in sich lebendig bekennt und spricht: „Herr, mein Gott und Vater! Ich bin in allem nichts, wie auch alle Menschen vor Dir gar nichts sind, sondern Du allein bist Alles in Allem!", dann ist er Meinem Reiche nahe, und Mein Reich ist nahe zu ihm gekommen.

17] Desgleichen aber beachtet auch ihr alles, was euch da gesagt wird, so werdet auch ihr zur Auffahrt und zur Taufe mit der Kraft Meines Geistes gelangen; denn auch zu euch wird soeben des Vaters Verheißung gesandt. Amen.

31. KAPITEL

„Und er (Zachäus) lief voraus und stieg auf einen Maulbeerbaum, auf daß er Ihn sähe; denn allda würde Er vorbeikommen." (Lukas 19, 4)

Am 14. Februar 1844 abends

1] „Und er (Zachäus) lief voraus und stieg auf einen Maulbeerbaum, auf daß er Ihn sähe; denn allda würde Er vorbeikommen."

2] Dieser Vers enthält zwar auch nur die Angabe einer Tatsache, und ihr könntet zufolge einer vorangeschickten Lehre meinen, daß darin ebenfalls ein ewig nie voll zu erfassender tiefer Sinn verborgen liege; allein das ist hier eben nicht der Fall, und das aus dem Grunde, weil sie nicht vom Herrn, sondern nur von einem Menschen ausgeübt wird. Dessenungeachtet aber hat dennoch diese unbedeutend scheinende

Szene einen inneren, geistigen Gehalt und wird aus dem Grunde im Evangelium erzählt, weil in ihr eine gar gute anwendbare Lehre für jeden Menschen enthalten ist.

3] Es dürfte hier freilich so mancher Weltweise sagen: „Was kann wohl hinter dieser höchst gewöhnlich alltäglichen Sache stecken? Was wußte der Zachäus von Christus anderes, als wir heutzutage allenfalls von einem sogenannten Tausendkünstler wissen?

4] Wenn wir aber in einem Orte im voraus erfahren, daß ein solcher weltberühmter Tausendkünstler durch denselben ziehen wird, da wird sich auch alles hinaus auf die Gassen und Straßen machen und wird mit großer Sehnsucht den Einzug des Wundermannes erwarten. Sind nun glücklicherweise irgend leicht besteigbare Bäume bei der Straße, so werden sie sicher von den Knaben und auch mitunter von größeren, aber ebenfalls sehr neugierigen Menschen in Beschlag genommen werden.

5] Was für ein Sinn liegt wohl hinter dieser Erscheinung? Sicher kein anderer als der mit den Händen zu greifende, daß nämlich mehrere neugierige Laffen den Wundermann auch haben zu Gesichte bekommen wollen.

6] Die Moral, die sich daraus entnehmen ließe, könnte höchstens also lauten: „Höret, ihr Buben und neugierigen Menschen, und ihr Kleingewachsenen auch, die ihr nicht vermöget über die großen Lümmel hinwegzusehen! Bemühet euch bei solchen Gelegenheiten frühzeitig, euch der Bäume zu bemächtigen, damit auch ihr bei solchen Gelegenheiten eure Gafflust befriedigen könnet, ohne darauf Rücksicht zu nehmen, ob durch die Beachtung dieser Moral auch so mancher Baum beschädigt wird!“

7] Da hätten wir eine Exegese[1], wie sie die Welt gibt. Ich gab sie hier darum im vorhinein, um es der Welt zu erleichtern, damit sie hernach bei der Beurteilung Meiner für sie unverständlichen Exegesen eine leichtere Arbeit im Satyrisieren[2] hat.

8] Wir aber wollen nun sehen, welch ein ganz anderer Sinn und welch ganz andere Moral hinter diesem einfachen Texte steckt. Wir wollen diese Erklärung so sonderbar als möglich anfangen und wollen das Praktische vorausschicken und das Theoretische dann hinterdrein gewisserart von sich selbst verstehen lassen.

9] Und so sage Ich: Die ganze Welt ist voll Zachäusse, und ihr selbst seid es nicht minder! Tuet demnach, was dieser tat, und Ich werde dann auch zu euch sagen und tun, was Ich zu diesem Zachäus sagte und hernach tat. Der Weg, den Ich mit den Meinigen zu ziehen pflege, ist euch bekannt; ihr seid gleichwie der Zachäus sündige Zöllner der Welt.

10] Was tat aber Zachäus, um Mich am Wege zu erschauen? Er war klein von Person; er lief voraus und stieg auf einen Maulbeerbaum, das heißt soviel als: Der sündige Mensch erkannte seinen Unwert vor Mir, er war somit voll Demut und glich oder gleicht dem Zöllner im Tempel, der sich auch nicht getraute, sein Haupt aufwärts zu erheben.

11] Aber *die Demut ist die Hauptnahrung der Liebe*. Die Liebe wird dadurch mächtiger und kräftiger zu Dem, vor dem sie ihren großen Unwert fühlt. Und je unwürdiger sie sich fühlt, desto größer wird ihr Zug zu Ihm, *weil ihre Achtung in dem Grade wächst, als sie in ihrem eigenen Werte sinkt.* Solche Liebe denkt

---

[1] Auslegung; [2] im Lächerlichmachen.

dann nur an Den, den sie als ihr höchstes Gut allerhöchst achtet.

12] In dieser Beschäftigung mit dem für solche Liebe höchst achtbaren Gegenstande liegt ein stets heller werdendes Licht, in welchem der Mensch denkt und denkt und sucht und sucht, wie er seinen erhabensten Gegenstand seiner Beschauung näherbringen könnte. Und dieses Denken und Denken und Suchen und Suchen gleicht dem Vorauseilen des Zachäus.

13] Er ist am richtigen Wege; aber er weiß auch, daß der Herr das Inwendigste aller Dinge ist, und ist somit in großem Gedränge und wird somit auf diesem zwar rechten Wege dennoch nicht zu erspähen sein. Aber die Begierde, den Herrn zu schauen, ist mächtiger als dieser Einwurf und mächtiger als dieses Gedrängehindernis und fordert alle Kräfte in dem Menschen auf, sich dahin zu erheben und einen solchen Standpunkt zu erreichen, von dem aus man über das Gedränge und inmitten des Gedränges dennoch den Herrn erschauen könnte.

14] Ein Baum wird erwählt und bestiegen: ein Maulbeerbaum, gleich dem Erkenntnisbaume, in dessen Blättern der feine glänzende Stoff zu den Königskleidern verborgen ist. Also durch höhere Erkenntnisse und durch das Licht des Glaubens will der Mensch den Herrn erschauen; darum eilt er voraus und besteigt den symbolischen Baum der Erkenntnis, der zwar eine süße Frucht hat, die aber dennoch niemandem zur Sättigung gereicht. Sie sättigt wohl scheinhalber, aber nach solcher Scheinsättigung folgt gewöhnlich ein größerer Hunger, als ihn jemand zuvor hatte.

15] Also verhält es sich auch mit den höheren Erkenntnissen auf dem Wege der Verstandesforschungen. Diese Erkenntnisse scheinen zwar auch im Anfange den Geist überraschend zu sättigen; aber kurze Zeit darauf spricht sein begehrender Magen: „Die wenigen Süßträublein haben mich nur schläfrig gemacht, aber nicht gesättigt; ich hatte wohl ein kurzes Gefühl von Sattsein, war aber dessenungeachtet leer!"

16] Sehet, das ist ein klares Bild, was der Maulbeerbaum bezeichnet, den der Zachäus freilich in der allerbesten Absicht bestieg, und es wäre gut für alle solche weltgelehrten Zöllner und Sünder, so sie in der Absicht des Zachäus den Baum der Erkenntnis am Wege des Herrn besteigen möchten. Sie würden eben das erreichen, was der Zachäus erreicht hat.

17] Aber leider wird der Erkenntnisbaum nur höchst selten in der Weise des Zachäus bestiegen, und so manche Zachäusse besteigen wohl auch in einer etwas besseren Absicht den Baum der Erkenntnis, aber gewöhnlich einen solchen, der nicht am Wege des Herrn steht.

18] Bis hierher wäre alles klar; nun aber fragt es sich: Genügt es schon zum ewigen Leben, wenn man in solcher allerbesten Absicht einen Zachäus macht?

19] Diese Frage beantwortet die Stelle des Evangeliums, wo der Herr zum auf dem Baume spähenden Zachäus spricht: „Steige herab; denn Ich muß heute noch in deinem Hause speisen!"

20] Das heißt soviel gesagt als: „Zachäus! Enthebe dich deiner hohen Spekulation über Mich, und steige herab in das Gemach deiner Liebe zu Mir; in diesem deinem Hause ist Kost für Mich, da werde Ich einziehen und werde essen in diesem deinem Hause!"

21] Und noch deutlicher gesprochen heißt das soviel als: „Zachäus! Steige in deine erste Demut und Liebe herab; also werde Ich bei dir einziehen und Mich erquicken an solcher Frucht deines Herzens!"

22] Sehet, das ist das Praktisch-Theoretische dieses Textes, und die Moral heißt ganz kurz: „Sehet hin auf euren Bruder Zachäus, und folget seinem Beispiele, so wird auch euch das werden, was dem Zachäus geworden ist!"

23] Ich meine, eine jede weitere Theorie wird hier völlig überflüssig sein; denn das Gesagte ist ohnehin von der größten Klarheit. Wer es lesen und beachten wird, der wird auch den Anteil des Zachäus unverrückbar finden, und Ich werde zu Ihm sagen, was Ich zum Zachäus gesagt habe.

24] Solches sei von euch allen gar überaus wohl beachtet! Amen.

32. Kapitel

„Jesus nun, der Seine Mutter sah und den Jünger dastehen, den Er liebhatte, spricht zu Seiner Mutter: ‚Weib, siehe, dein Sohn!' Danach spricht Er zu dem Jünger: ‚Siehe, deine Mutter!' Und von der Stunde an nahm sie der Jünger zu sich." (Johannes 19, 26—27)

Am 16. Februar 1844 abends

1] „Jesus nun, der Seine Mutter sah und den Jünger dastehen, den Er liebhatte, spricht zu Seiner Mutter: ‚Weib, siehe, dein Sohn!' Danach spricht Er zu dem Jünger: ‚Siehe, deine Mutter!' Und von der Stunde an nahm sie der Jünger zu sich."

2] Es ist bei euch auf der Welt ja auch üblich, so jemand seines Leibes Tod vor Augen sieht, daß er mit seinem Nachlasse irgendeine letzte Willensanordnung trifft, die bei euch unter dem Namen ‚Testament' vorkommt. Also war es ja auch bei Mir notwendig der

Fall, daß Ich mit Meinem Nachlasse eine letzte Willensanordnung treffen mußte. Maria, Meines Leibes Gebärerin, war ein solcher Nachlaß, und sie mußte doch für ihre noch übrigen Lebenstage auf der Erde eine nötigste Versorgung haben.

3] Es dürfte freilich hier und da jemand fragen: „Hatte denn der Joseph gar nichts hinterlassen? Er selbst hatte ja Kinder, eigene und auch fremde, die er auferzogen hatte; konnten diese denn nicht auch sorgen für die Maria?"

4] Darauf kann erwidert werden: Joseph hatte fürs erste nie ein völliges Eigentum besessen und konnte somit auch keines hinterlassen. Seine Kinder, sowohl die eigenen als auch die aufgenommenen, befanden sich fürs zweite selbst in der größten Armut und sind Mir zumeist nachgefolgt; und darunter war eben auch Johannes selbst, der sich viel im Hause des Joseph aufhielt und gleichsam ebenfalls ein Züchtling[1] dieses Hauses war. Denn sein Vater war noch dürftiger als Joseph selbst und gab daher seinen Sohn dahin, daß er erlernen möchte die Kunst Josephs. Er erlernte sie auch und war ein recht geschickter Zimmermann und Schreiner zugleich und wußte auch mit dem Drechseln umzugehen. Zudem hatte er die Maria, so wie Mich, und das ganze Haus Josephs ungemein lieb, und Maria konnte keinen besseren und getreueren Händen anvertraut werden als eben diesem Sohne des Zebedäus.

5] Seht, das ist nun das ganz natürliche Testament, und das ist demnach auch der ganz naturgerechte Buchstabensinn dieser Meiner Worte vom Kreuze.

6] Da aber diese Worte nicht nur allein der Mensch

[1] Zögling.

Jesus, sondern der Sohn Gottes oder die ewige Weisheit des Vaters geredet hat, so liegt hinter ihnen freilich noch ein ganz tiefer und allerhöchst göttlich-geistig-himmlischer Sinn, den ihr aber freilich je ebensowenig in seiner Volltiefe werdet zu erfassen imstande sein wie so manchen anderen Tatengrund des Gottmenschen.

7] Ich kann euch daher nur Andeutungen aus dem Gebiete der Weisheit darüber geben. Forschet aber dann nicht zu viel darinnen; denn ihr wisset, daß sich Dinge der Weisheit nie so begreifen lassen wie Dinge, die aus der reinen Liebe hervorgehen, wie euch solches schon die Natur zeigt.

8] Ihr könnt allda wohl die leuchtenden Dinge wie die glänzenden erfassen, sie hin und her legen und betrachten von allen Seiten; könnt ihr aber wohl auch solches tun mit den freien Lichtstrahlen, die den leuchtenden Körpern entströmen?

9] Diese Strahlen führen die Abbilder von zahllosen Dingen unverfälscht mit sich, wovon euch die neuentdeckten Lichtbilder einen hinreichenden Beweis geben. Fraget euch aber selbst, ob ihr trotz allen Mühens mit euren Sinnen in den freien Strahlen solche Bilder entdecken möget. Sicher werdet ihr diese Frage verneinend beantworten müssen.

10] Daher gilt auch der frühere Wink, daß ihr über gegebene Dinge aus der Weisheit nicht zu viel Spekulationen machen sollt; denn ihr werdet da noch weniger ausrichten als bei der allfälligen Beschauung der Gebilde in den freien Lichtstrahlen.

11] Ihr könnt zwar optische Vorrichtungen machen, durch die der freie Strahl genötigt wird, sein getragenes Bild eurer Beschauung auszuliefern; habt ihr aber auch eine optische Vorrichtung, durch welche die Bilder der Strahlen aus dem Urlichte in ihrer Tiefe abgeprägt werden können?

12] Ja, ihr habt wohl eine solche geistig-optische Vorrichtung in euch, aber diese fängt erst dann an wirksam zu werden, wenn ihr des Weltlichtes völlig ledig werdet. Die Welt muß eher[1] in die volle Finsternis übergehen, bevor das Licht des Geistes seine getragenen Bilder in eurem Geiste wohlbeschaulich abgibt. Eure eigenen Träume geben euch davon einen gültigen Beweis, und die Gesichte der Verzückten oder, nach eurem Ausdruck, der Somnambulen liefern einen noch haltbareren und klareren Beweis.

13] Diese Vorerinnerung war notwendig, und so können wir zu den betreffenden Andeutungen über diese Worte am Kreuz übergehen.

14] „Weib, siehe deinen Sohn!“ und: „Sohn, siehe deine Mutter!“ heißt tiefer soviel als: „Du Welt, siehe des Menschen Sohn, und du Menschensohn, siehe an die Welt, und richte sie nicht, sondern erweise ihr Liebe!“

15] Tiefer gesprochen: „Du göttliche Weisheit, neige dich hin zu deinem ewigen Urgrunde, und du, ewiger Urgrund, siehe an und nimm auf zur Einswerdung deinen ausstrahlenden Sohn!“

16] Weiter: „Du Eine, die du einst das Allerheiligste trugst, siehe an den Tod deines Werkes, und Du Getöteter, so Du auferstehen wirst, gedenke der, die einst das Allerheiligste, das Licht der ewigen Liebe nämlich, trug!“

17] Sehet, in diesen kurzen Andeutungen liegt die unendliche Tiefe, die kein geschaffenes Wesen je völlig erfassen wird, weil der Inhalt dieser Tiefe an und

---

[1] zuvor.

für sich schon unendlich ist und sich dazu noch in einem jeden Augenblick verunendlichfältigt.

18] So viel aber sagte Ich euch darüber darum, auf daß ihr daraus ersehen sollet, daß Derjenige, der solches vom Kreuze herab geredet hat, mehr war als nach der Meinung vieler ein bloß einfacher israelitischer Delinquent[1] unter dem Scharfgerichte Roms, weil Er als ein Volksaufwiegler und Rebell gegen Rom angeklagt ward.

19] Das ist demnach der tiefere geistige Sinn. Ihr aber bleibet für euch bei dem natürlichen Testament! Denn auch ihr seid Meine Jünger, und die Armen der Welt sind Meine Mutter. Und so sage Ich auch zu dieser Mutter: „Siehe, deine Söhne!" Und zu euch sage Ich: „Sehet, eure Mutter!"

20] Wahrlich, wenn ihr da tun werdet gleich dem Johannes, so sollt ihr auch seinen Lohn haben ewig! Amen.

33. KAPITEL

„Siehe, es kommt die Stunde und ist schon gekommen, da ihr euch zerstreuen werdet, jeder an seinen Ort, und Mich allein lassen! Und Ich bin nicht allein; denn der Vater ist mit Mir." (Johannes 16, 32)

Am 19. Februar 1844 abends

1] „Siehe, es kommt die Stunde und ist schon gekommen, da ihr euch zerstreuen werdet, jeder an seinen Ort, und Mich allein lassen! Und Ich bin nicht allein; denn der Vater ist mit Mir."

---

[1] Verbrecher.

2] Dieser Text besagt, was soeben vor euren Augen allenthalben offenkundig liegt und schon nach Meiner Auffahrt da war. Also ist denn auch dieser Text einer von den leichtesten, indem sein Sinn allenthalben mit Händen und Füßen zugleich zu greifen ist.

3] Nur solches muß hier bemerkt werden, welch ein Unterschied darin liegt zwischen dem, so es hie und da heißt: „Es kommt die Zeit ...", oder so es heißt: „Es kommt die Stunde ...". Unter der ‚Zeit' wird ein verzüglicher Termin verstanden, welcher kommen wird unter einem unbestimmten ‚Wann'. Unter der ‚Stunde' aber wird ein alsogleich eintretender Erfolgstermin der Aussage bezeichnet.

4] Hier und da dürftet ihr auch bei diesem Texte die Zeit anstatt der Stunde finden. Dann ist es aber falsch; denn es muß heißen: „Es kommt die Stunde ..." — und das darum, weil da sogleich der Erfolg nach dieser prophetischen Aussage eintraf.

5] Was wird denn unter dieser Zerstreuung verstanden? Etwa das persönliche Auseinandergehen Meiner Jünger und Apostel, und zwar ein jeglicher an einen andern Ort? O nein! Das war ja ihre Bestimmung, und zu dem habe Ich sie berufen, daß sie ausgehen sollen in alle Lande und predigen das Evangelium aller Kreatur.

6] Wäre es nicht unsinnig gewesen von Mir, so Ich ihnen aus ihrem Berufe eine üble Prophezeiung hätte machen wollen? Denn auf diese Weise hätten sich die berufenen Austräger Meines Wortes, um nicht Übles zu tun, fortwährend in einem Haufen zusammen aufhalten müssen wie allenfalls in eurer Zeit so manche Orden, die in ihrer Wesenheit ebensowenig Ersprießliches für die Menschheit leisten wie ein Haufen Meteorsteine im Grunde des Meeres, welche auch den, der sie ins Meer stürzen sieht, großartige und furchtbare Wirkungen ahnen lassen; wenn sie aber einmal den ruhigen Grund des Meeres erreicht haben, so ruhen sie wirkungslos da und dienen höchstens einigen gefräßigen Polypen zur Unterlage.

7] Also von einer persönlichen und örtlichen Zerstreuung ist in dieser Vorhersage nicht die allerleiseste Spur vorhanden, wovon aber auch schon der Text selbst zeugt, da es heißt: „Wenn ihr Mich aber auch verlassen werdet, da werde Ich dennoch nicht allein sein; denn der Vater ist in Mir."

8] Urteilet nun selbst: Kann Mich persönlicher- und örtlicherweise jemand verlassen? Wohin wohl sollte er gehen, daß er Mir ferner oder näher zu stehen komme? Wo wird er wohl weiter von Mir sein, ob er ist in Südamerika oder in Nordasien? Ich meine, das wird für Mich, den Allgegenwärtigen, doch ganz sicher so ziemlich einerlei sein. Also von einer persönlichen und örtlichen Zerstreuung ist hier, wie schon gesagt, keine Rede.

9] Was für eine Zerstreuung wird denn aber hier gemeint? Sehet hin auf die Sekten, die gegenwärtig vor euren Augen existieren und schon zu Meinen Lebzeiten unter den Aposteln kleinspurlich vorhanden waren, — aus welchem Grunde Ich auch diese Vorhersage gemacht habe. Und wenn ihr auf die Debatten zwischen Meinen zwei ersten Aposteln blicket, es euch um so klarer werden muß, was unter dieser Zerstreuung bezeichnet ward, und ihr werdet es, wie anfangs bemerkt, mit Händen und Füßen begreifen können, von welcher Zerstreuung Ich da Meinen Aposteln und Jüngern eine Vorsage gemacht habe.

10] In wenigen Jahrhunderten nach Meiner Auffahrt war die Zerstreuung schon so groß, daß da niemand mehr recht wußte, wer da Koch und Kellner ist. Man mußte zu großartigen Konzilien schreiten, blieb aber nach dem Konzil so, wie vor demselben, zerstreut.

11] Wie es jetzt aussieht, brauche Ich euch doch sicher nicht zu zeigen; denn wo ihr nur immer hinblickt, werdet ihr die Zerstreuung entdecken.

12] Es heißt: „Ein jeglicher an seinen Ort.“ Das besagt soviel als: „Eine jede Sekte hält sich für die beste und reinste.“ Bin Ich aber darum allein? O nein! Der Vater ist ja in Mir, oder die erste Liebe.

13] *An der Liebe erkenne Ich die Meinigen, aber nicht an der Sekte!* Wer Mich liebt und hält Mein Wort, der hat die Liebe des Vaters in sich, wie Ich den Vater habe in Mir, und der ist Eins mit Mir, wie Ich Eins bin mit dem Vater! Darum bin Ich nicht allein; denn wie der Vater in Mir ist, so bin Ich in einem jeden, und ein jeder ist also in Mir, der Mich liebt und Mir nachfolgt.

14] Da gibt die Sekte keinen Unterschied, und verflucht sei derjenige, der vorzugsweise aus weltlichen Rücksichten eine Sekte vor der andern bevorzugt! Denn in keiner Sekte ist Wahrheit und Leben; alles wird auf den Zwangsglauben und auf den Überredungsglauben, der um kein Haar besser ist, angelegt. Frage: Wo bleibt da der freie Mensch?

15] Wann habe Ich je jemanden zum Glauben genötigt? Ich ließ es einem jeden frei. Wem Meine Werke nicht genügten und seine eigene innere Überzeugung, der ward durch kein anderes Mittel gezwungen; denn Ich habe Meine Lehre nicht für den Glauben, sondern nur für die Tat gegeben.

16] Ich habe nicht gesagt: „Wer Mir glauben wird, aus dessen Lenden werden die Ströme lebendigen

Wassers fließen!", sondern Ich habe gesagt: „Wer nach Meinem Worte handeln wird, der wird es erfahren, ob Meine Lehre von Gott oder von Menschen ist!"

17] Was hätte aber auch eine Aufforderung zum Glauben genützt? Denn so viel mußte Ich denn doch voraussehen, daß ein und dasselbe Licht die Gegenstände, dahin es fällt, also verschieden beleuchtet, wie verschieden die Gegenstände selbst sind.

18] Also ist auch das Licht des Glaubens! Je nachdem es auf ein verschieden gefärbtes menschliches Gemüt fällt, also muß es dasselbe auch beleuchten. Eine Forderung aber, daß ein und dasselbe Licht von all den tausendfarbigen Gemütern vollkommen weiß nur zurückstrahlen soll, ist daher doch sicher die größte Torheit.

19] Die Wirkung des Lichtes muß ja verschieden sein; aber die Wirkung der Liebe bleibt dieselbe, wie an und für sich die Wärme nur eine Wirkung hat, nämlich: sie erwärmt das Rot auf dieselbe Weise wie das Blau, und alles kann glühend gemacht werden, und die Farbe der wahren lebendigen Liebesglut ist ewig eine und dieselbe, und ein glühendes Gold unterscheidet sich nicht von einem glühenden Stück Eisen.

20] Seht, das ist die Bedeutung dieses Textes! Zerstreuet euch daher nicht, sondern bleibet in der Liebe, so werdet ihr leben! Amen.

34. Kapitel

„Wer an Mich glaubt, aus dessen Leibe werden, wie die Schrift sagt, Ströme des lebendigen Wassers fließen." (Johannes 7, 38)

Am 21. Februar 1844 abends

1] „Wer an Mich glaubt, aus dessen Leibe werden, wie die Schrift sagt, Ströme des lebendigen Wassers fließen."

2] Dieser Text ist gegeben wie eine Mausefalle und ist gemacht wie eine Grube, in die man Löwen, Panther und Tiger fängt; auch ist er wie ein Eckstein, über den gar viele in der Nacht stolpern und zerfallen sich gewaltig. Und Ich sage: Wer sich daran stößt und fällt, der wird viel Mühe haben, um wieder aufzustehen.

3] Warum das? Ich gebot ja doch hie und da den Glauben und predigte allenthalben die Liebe durch Tat und Worte. Ich sagte: „So ihr Glauben hättet, möget ihr Berge versetzen!"

4] Ich sagte auch, was der gegenwärtige Text anzeigt; und dennoch sage Ich wieder: Ich sagte *nicht,* was der Text anzeigt; denn Ich sagte: „Seid Täter und nicht alleinige Hörer Meines Wortes!"

5] Also sagte Ich auch, daß diejenigen, die zu Mir „Herr, Herr!" sagen, also an den Sohn Gottes glauben, nicht werden in das Himmelreich eingehen, sondern allein nur, die den Willen Meines Vaters tun!

6] Also sagte Ich auch: „Wer nach Meinem Worte lebt, der ist es, der Mich liebt; wer Mich aber liebt, zu dem werde Ich kommen in aller Fülle und werde Mich ihm Selbst offenbaren!"

7] Also sagte Ich auch: „Nur ein einziges Gebot

gebe Ich euch, daß ihr euch untereinander liebet, also wie Ich euch liebe! Daran wird man erkennen, daß ihr wahrhaft Meine Jünger seid."

8] Nun frage Ich: Was soll denn der Mensch tun? Soll er sich einerseits bloß begnügen mit dem Glauben, der angeraten ist für sich, oder soll er bloß sich an die Liebe halten und nichts glauben, als was ihm die Liebe zu Mir gibt, die er sich durch die Tätigkeit nach Meinem Worte zu eigen gemacht hat?

9] Denn die Liebtätigkeit habe Ich ja Selbst als das einzig geltende Kriterium[1] angeführt, dadurch man erkennen kann, ob Meine Lehre menschlich oder göttlich ist; denn Ich sagte es ja: „Wer nach Meinem Worte *handeln* wird, der wird es erkennen, ob Meine Lehre von den Menschen oder von Gott ist!"

10] Wie heißt es denn hernach hier: „Wer an Mich *glaubt,* aus dessen Leibe oder Lenden werden Ströme des lebendigen Wassers fließen!"? Das lebendige Wasser bezeichnet aber ja auch die lebendige Weisheit aus den Himmeln, welche doch auch als ein sicheres Kriterium über die Göttlichkeit Meines Wortes gelten muß!

11] Und so hätten wir hier zwei Prüfungsgründe vor uns, wo der eine immer in dem andern seinen Gegner findet. Denn unter dem „Herr, Herr!"-Sagen wird auch der vollkommene Glaube an den Menschensohn verstanden; aber da heißt es, daß dieser Glaube das Himmelreich nicht erwirken wird, — und im vorliegenden Texte werden auf den alleinigen Glauben Ströme des lebendigen Wassers verheißen.

12] Nun fragt es sich: War Ich ein Doppellehrer? Oder war Ich einer, der bei jeder Gelegenheit den

---

[1] Unterscheidungsmerkmal.

Mantel nach dem Winde gedreht hat, und habe bei Gelegenheit einer gläubigen Gesellschaft vom alleinigen Wert des Glaubens und bei einer tätigen Gesellschaft vom alleinigen Wert der Tätigkeit gepredigt? Auf diese Weise mußte Ich ja in Mir Selbst im offenbarsten Widerspruche stehen.

13] Die Pharisäer glaubten ja eisenfest an die Satzungen Mosis, und das aus zeitlichen und einst auch geistigen Rücksichten, und dennoch wurden sie sämtlich von Mir ihres Unglaubens willen zu öfteren Malen auf das allerempfindlichste angegriffen.

14] Warum begnügte Ich Mich hier nicht mit ihrem ersten Glauben, und warum griff Ich sie an, daß sie an Mich nicht glauben wollten, und wurden von Mir ‚Täter des Übels' genannt, weil sie im buchstäblichen Sinne lebten nach dem Gesetze und wollten sich nicht kehren an Meine Lehre?

15] Warum ließ Ich den das Gesetz allzeit erfüllenden Pharisäer ungerechtfertigt und den mit Sünden belasteten Zöllner gerechtfertigt aus dem Tempel ziehen?

16] Warum überhaupt respektierte Ich denn nicht die Satzung Mosis, daß Ich darum nicht achtete des Sabbats? Warum ärgerte Ich Selbst dadurch die Pharisäer und lehrte Selbst: „Wehe dem, der seinen Nächsten ärgert!"?

17] Ja, Ich gab sogar eine Lehre, laut welcher ein Mensch ein Glied, das ihn ärgert, von sich entfernen solle und solle lieber verstümmelt ins Himmelreich als geraden Wesens in die Hölle eingehen. Saget hier: Wie verhält sich alles dieses? Ein ganzer Haufen von Widersprüchen liegt vor euch; wie werdet ihr alle diese Widersprüche übereinbringen?

18] Ich sage euch: Aus euch selbst möchtet ihr aus

diesem Labyrinthe wohl nimmer den Ausweg finden; Ich aber will hier, gleich dem Helden Mazedoniens[1], den Knoten mit einem leichten Hiebe entwirren. Und so höret denn!

19] Es ist ein Unterschied zwischen dem, was Ich nur *sagte,* und dem, was Ich *anbefohlen* habe. Es liegt aber auch ein Unterschied zwischen dem Sagen und Sagen: das eine Sagen ist wie ein *verneinendes* und das andere wie ein *bejahendes.* Ein verneinendes ist gleich wie ein *naturmäßiges,* — ein bejahendes gleich wie ein *geistiges.* In dem naturmäßigen liegt kein Gebot, aber in dem geistigen liegt ein Gebot.

20] Darum, wenn es heißt: „Ich sagte nicht", so heißt das soviel als: „Ich habe es nicht geboten"; und wenn es heißt: „Ich sagte es", so heißt das soviel als: „Ich habe es geboten."

21] Wenn Ich aber vom Glauben sprach, so verstand Ich darunter allzeit den lebendigen, also mit Liebe gepaarten Glauben; aber einen Glauben für sich allein verwarf Ich allzeit.

22] Darum sagte Ich euch auch letzthin: „Ich sagte nicht: ‚Wer glaubt an den Menschensohn, aus dessen Lenden werden Ströme des lebendigen Wassers fließen!'" Das ist soviel als: „Niemand wird durch den alleinigen Glauben zum Lichte gelangen, sondern allein durch die Tat nach Meinem Worte!"

23] Wie Ich aber hier sage: „Wer an Mich glaubt, aus dessen Leibe werden Ströme des lebendigen Wassers fließen!", da sage Ich soviel als: „Wer einen *lebendigen,* also mit Liebe gepaarten Glauben hat, der wird in die Weisheit der Himmel eingeführt werden;

[1] Alexander der Große, der den Gordischen Knoten mit einem Schwerthieb ‚löste'.

und so ihr nur einigermaßen denken könnt, so werdet ihr leicht ersehen, daß damit nur der Himmel unterster Grad verheißen ist.

24] Daß aber auf den lediglichen Glauben gar kein Himmelsgrad verheißen ist, das lehrt euch eure eigene Erfahrung. Denn ihr habt ja auch von Kindheit an geglaubt an Mich; fraget euch aber selbst, wie viele Tropfen irgendeines lebendigen Wassers darum aus eurem Leibe geflossen sind. Habt ihr es durch euren vierzig Jahre alten Glauben dahin gebracht, daß ihr in euch zufolge irgendeines lebendigen Wassertropfens die Unsterblichkeit eures inneren Wesens vollkommen evident[1] gefunden hättet?

25] Ich habe euch jetzt schon so viel des allerechtesten lebendigen Wassers zukommen lassen, und noch seid ihr in so manchem über euer inneres Fortbestehen nach dem Tode des Leibes nicht im reinen. Ich aber bin doch kein Lügner; Ich habe auf den Glauben Ströme des lebendigen Wassers verheißen. Wo sind sie denn bei euch Gläubigen?

26] Aus dieser eurer eigenen Erfahrung aber könnt ihr ja hinreichend abnehmen, daß Ich als die ewige Wahrheit und Weisheit Selbst im vorliegenden Texte unmöglich den alleinigen Glauben habe verstehen können, sondern nur den allen Meinen Jüngern wohlbekannten, mit der Liebe zu Gott und dem Nächsten gepaarten.

27] Denn der alleinige Glaube für sich kann ebensowenig Ersprießliches zum ewigen Leben wirken, als wie wenig ein Ehegatte mit und aus sich selbst Kinder zu zeugen vermag. Er muß sich vermählen mit einer

[1] offenbar, augenscheinlich.

Gattin und kann erst im Brande seiner Liebe Kinder zeugen mit der Gattin.

28] Die Kinder sind in naturmäßiger Bedeutung gleich entsprechend den Strömen des lebendigen Wassers aus den Lenden des Leibes. Zudem besagt eben der ‚Leib' oder die ‚Lenden' in diesem Text als ein materielles Bild die Liebtätigkeit selbst, und der ganze Text lautet im enthüllten Zustande also: „Wer in seinem Herzen auf Mich hält, dessen Tätigkeit wird ersprießlich sein zum ewigen Leben!"

29] Aus dieser höchst klaren Bedeutung aber geht ja doch auch höchst klar hervor, daß Ich vom alleinigen Glauben allzeit nur verneinend, aber nie bejahend gesprochen habe; denn sonst hätte Ich Mir ja offenbar vor den Augen und Ohren aller Welt auf das allerschmählichste widersprochen.

30] Wenn demnach irgendwo in Meinem Worte vom Glauben die Rede ist, da ist derselbe allzeit also zu nehmen, als wenn ihr von einer Börse redet. Wer da sagt: „Ich habe ihm meine Börse gegeben!", da versteht sich das ‚gefüllt' von selbst; denn mit einer leeren wird wohl niemand in etwas gedient sein. Also ist es auch, von Meiner Seite aus betrachtet, mit dem Glauben der Fall. Ich verstehe darunter nie den leeren, sondern allzeit den mit Liebe gefüllten.

31] Darum sage Ich noch einmal: Ich sagte *nicht*: „Wer an Mich glaubt, aus dessen Leibe oder Lenden werden Ströme des lebendigen Wassers fließen!", — sondern Ich sagte: „Wer an Mich *glaubt,* aus dessen Leibe oder Lenden werden Ströme des lebendigen Wassers fließen!"

32] Im ersten Verneinungsfalle wird bloß der *leere* Glaube verstanden, der nie auch nur den kleinsten Tropfen des lebendigen Wassers gibt; im zweiten Falle aber wird der *gefüllte* Glaube verstanden, dem dann freilich die Ströme des lebendigen Wassers folgen, und es ist das, wo Ich darauf bejahend sage: „Wer den Willen Meines Vaters *tut,* der wird es erkennen, woher die Lehre ist!"

33] Der Vater aber ist die Liebe, und diese begnügt sich nie mit einem luftigen Schein, sondern ganz allein nur mit dem wirklichen Sein. Was nützt euch des alleinigen Glaubens mattester Laternenschimmer in dem unendlichen Schöpfungsgebiet? Du magst greifen hin und her und blicken auf und ab: matte Strahlen nur kommen dir entgegen; aber ferne sind diejenigen Dinge, von denen du von weiter Ferne her nichts als matte Strahlen empfängst. Denn dem Schlafenden genügt wohl der Traum. Er hält ihn so lange für Wirklichkeit, als er schläft; wenn er aber erwacht, da sucht er Wirklichkeit und Bestimmtheit überall.

34] Wie aber, wenn der Mensch sein ganzes irdisches Leben hindurch schläft und hält die Traumgebilde für Wirklichkeiten? Was wird sein, wenn er nach der Ablegung seines Leibes aus solch einem irdischen Traumleben erwacht? Wonach wird er greifen? An was wird er sich halten? Von allen Seiten wird er mit Nacht umlagert sein; woher wird er das Licht nehmen, um die wirreste Nacht um sich zu erleuchten?

35] Ich sage darum: es ist besser für den, der sich hier in allerlei Zweifel gefangengenommen fühlt, denn der bekundet, daß er einen wachen Geist hat, der sich aber noch in der Nacht befindet. Er hat die Nichtigkeit der Traumbilder frühzeitig erfahren und ruft mit großer Sehnsucht den Tag in sich.

36] Aber der Träumer weiß nichts von der eigenen Nacht; er ist ein Herr, tut, was er will, ißt und trinkt und meint, alles das sei Wirklichkeit. Wenn er aber erwachen wird, dann erst wird er der großen Leere in sich gewahr werden; aber freilich leider zu spät. Denn wenn der Glaube, der gefüllte nämlich, nicht bei Leibesleben Ströme des lebendigen Wassers aus den Lenden bewirkt, wie soll er es hernach bewirken, wenn die Lenden abgefallen sind?

37] Oder so jemand kein Geld in der dazu geeigneten Börse erhalten kann, wie wird er es denn erhalten, wenn er keine Börse und kein Geld hat? Oder wenn jemand das Leben nicht erhalten kann, wenn er es hat samt dem dazu nötigen Lebenssacke, wie wird er es denn erhalten, wenn er des Sackes samt dem Leben ledig wird?

38] Wer nicht sein kann, wenn er ist, — wie wird er denn sein, wenn er nicht ist? Es wird aber nur dem gegeben, der es hat, und der nichts hat, dem wird auch genommen, was er hat!

39] Ich meine, diese ziemlich gedehnte Erklärung dürfte wohl klar genug sein. Trachtet daher auch ihr nach dem gefüllten Glauben; denn der leere ist nichts als ein purer Traum. Wollt ihr Ströme des lebendigen Wassers aus euren Lenden fließen sehen, da muß euer Glaube durch die Werke der Liebe lebendig werden! Amen.

35. KAPITEL

„Solches habe Ich zu euch geredet, auf daß ihr Frieden habet in Mir. In der Welt werdet ihr Bedrängnis haben; aber vertrauet, Ich habe die Welt überwunden!" (Johannes 16, 33)

Am 23. Februar 1844 abends

1] „Solches habe Ich zu euch geredet, auf daß ihr Frieden habet in Mir. In der Welt werdet ihr Bedrängnis haben; aber vertrauet, Ich habe die Welt überwunden!"

2] Dieser Text gehört wieder zu denjenigen, die sehr durchsichtig sind und jedermann den geistigen Sinn schon in dem Buchstaben auf den ersten Griff ertappen kann. Ich will euch daher den Sinn dieses Textes alsogleich mit wenigen Worten dartun, und ihr werdet in diesen wenigen Worten erkennen den vollkommen richtigen geistigen Sinn dieses Textes; und so höret!

3] Alles das, was Ich eben jetzt zu euch rede, ist auch von dieser Art, daß es euch in jeder Lage eures Lebens den wahren, inneren Herzensfrieden in der Liebe zu Mir geben muß, wenn ihr eben dieses Gesagte nur einigermaßen werktätig beachtet.

4] Die Welt möchte euch auch bedrängen von allen Seiten; aber sie kann es nicht, weil sie von Mir überwunden ist. *So ihr aber durch eure Liebe Mich in euch habet, so habet ihr ja auch den ewigen Überwinder der Welt in euch.* Die Welt aber hat Meine Macht erfahren; daher darf und kann sie dem kein Haar krümmen, der wahrhaftig Meinen Frieden in seinem Herzen birgt.

5] Sobald aber jemand sich aus diesem Frieden

erheben will und wirft selbst der Welt den Handschuh zum Kampfe hin, der hat sich's dann nur selbst zuzuschreiben, wenn er von der Welt gefangengenommen und mißhandelt wird. Wer aber wahrhaftig bleibet in Meinem Frieden, der ist geborgen für die Ewigkeit, und kein weltlicher Hauch wird ihm je ein Haar krümmen.

6] Es wird hier freilich mancher sagen: „O Herr! Siehe, die Apostel und Deine Jünger und so viele der ersten Christen und auch in der späteren Zeit eifrige Streiter um das reine Evangelium sind zu Märtyrern geworden, und die Welt hat sich schändlichst grauenhaft an diesen von Deinem Frieden Erfüllten gerächt. Warum, o Herr, hat sie Dein Friede nicht geschützt vor den Krallen der Welt? Denn Du hast doch Selbst geredet vor Deinem Leiden, daß der Fürst der Welt gerichtet ist. Wie mochte dann der Gerichtete wohl Gewalt haben, die Welt gegen Deine Friedensträger also grauenhaft zu entrüsten?"

7] Diese Frage ist eitel genug, und wer nur einigermaßen in der Geschichte bewandert ist, der wird es klar finden, daß alle die Märtyrer von den Aposteln angefangen bis in die späteren Zeiten abwärts nicht durch irgendeinen Zwang oder durch irgendeine zulässige Bestimmung von Mir, sondern freiwillig aus einem Liebeheroismus in den Martertod darum gegangen sind, weil Ich, ihr Meister, Selbst gekreuzigt ward.

8] Ich sage euch: Ein jeder Märtyrer hätte auch, ohne ein Märtyrer zu werden, Mein Evangelium ausbreiten können. Aber die Ausbreiter kannten Mich, hatten das ewige Leben vor Augen, und so hatten sie denn auch keine große Lust, lange in der Welt umherzugehen, sondern konnten den Zeitpunkt kaum erwarten, in dem ihnen ihr Fleisch abgenommen würde, auf daß sie dahin gelangen möchten, wohin Ich vorangegangen bin.

9] Johannes aber hatte die größte Liebe zu Mir; darum scheute er die Verfolgungen der Welt nicht und wollte sie lieber bis auf den letzten Tropfen verzehren, als daß er Mir von seiner bestimmten irdischen Lebenszeit etwas gewisserart abgebettelt hätte. Er war somit mit Meiner Ordnung vollkommen zufrieden, während viele andere Bettler waren und sich lieber die schmählichsten Leibesmartern wollten gefallen lassen, als noch einige Jahre länger zu wirken für Mein Reich.

10] Da aber bei Mir ein jeder das haben kann, um was er ernstlich und vollgläubig bittet, so konnte Ich ja doch auch nicht bei diesen ersten Zeugen Mein Wort zurücknehmen, das da spricht: „Um was immer ihr Mich bitten werdet, das werde Ich euch geben!"

11] Aus dieser Beleuchtung geht nun klar hervor, daß Mein Wort der Blutzeugen nicht bedurfte; denn Ich habe ja den Einen ewig gültigen Zeugen, Meinen Heiligen Geist Selbst allen denen verheißen, die Meine Lehre annehmen und nach derselben leben werden. Und dieser Zeuge ist der bleibende, während das Blut der ersten Märtyrer schon lange für alle späteren Zeiten sogar geschichtlich spurlos geworden ist.

12] Wenn aber dieser Geist ein ewiger Zeuge ist, wozu sollte Ich die Blutzeugenschaft Meiner Nachfolger verlangen? Wer selbst ein Blutzeuge werden will, der soll es auch werden; aber es glaube ja niemand, daß er Mir dadurch einen Dienst erweist, sondern ein jeder, der das tut, der tut es zum eigenen, aber nicht zu Meinem Vorteile!

13] Es ist, als so ein Vater zu seinen Kindern, deren

Kleider noch gut sind, sagete: „Ich werde euch gar herrliche neue Kleider geben, so ihr diese zuvor abgetragen habt!“ Einige Kinder aber lassen sich von der Hoffnung und Vorliebe zu den neuen Kleidern verleiten und schonen die alten Kleider nicht im geringsten mehr. Wenn die Kleider bald schleußig[1] sind, da schafft ihnen der Vater freilich die verheißenen; aber einige dieser Kinder, die den Vater mehr lieben als die Kleider, schonen weise die alten, um den Vater nicht vor der Zeit in die Unkosten zu sprengen[2].

14] Obschon aber bei Mir von gewissen Unkosten keine Rede sein kann, so sind aber dabei andere Unkosten, nämlich die einer kleinen Bewerkstelligung einer Unordnung zu berücksichtigen. Denn Ich habe jedem Menschen aus Meiner Ordnung ein bestimmtes Lebensziel gesetzt, und dieses besteht nicht im Schwerte, noch im Feuer; denn der Tod durch Schwert und Feuer ist ein Gericht. Wer aber sonach in was immer Meiner Ordnung eigenwillig und eigenmächtig vorgreift, der muß sich dann freilich insoweit ein kleines Gericht gefallen lassen, insoweit er Meiner gesetzten Ordnung vorgegriffen hat.

15] Daniel wollte nicht sterben; darum ward er erhalten in der Löwengrube und desgleichen die Jünglinge im Feuerofen, und mehrere ähnliche Beispiele. Und sehet, ihnen allen ward kein Haar gekrümmt, und gar vielen Tausenden Meiner Liebhaber ward ebenfalls kein Haar gekrümmt, weil sie die Kraft Meines Friedens in ihrem Herzen ungestört erhielten. Aber ein jeder, der sich über diesen Frieden hinausschwingen wollte, der mußte dafür aber auch den Unfrieden der Welt verkosten.

---

[1] zerschlissen; [2] zu stürzen.

16] Man wird freilich auch hier sagen: „Wenn also, da ist es ja am besten, die Welt Welt sein zu lassen in all ihrem schändlichen Getriebe, und ein jeder Bessere lebe ganz unbekümmert um die Welt in seinem Frieden fort; und wenn es alle also machen, wird da die Welt nicht bald bis zu den Sternen mit Greueln angefüllt sein?“

17] Gut, sage Ich, berechnet das zurück! Seit den Zeiten der Apostel hat es doch sicher eine Unzahl Eiferer gegeben, die gewisserart mit glühendem Schwerte in der Hand die Welt bessern wollten. Ströme von Blut wurden vergossen. Fraget euch selbst, mit welchem Erfolg? Blicket dann in die Welt hinaus, und sie wird euch von allen Seiten her die sonnenklare Antwort geben.

18] Bis auf eure Zeit sollte die große Zahl der Eiferer doch einen solchen Nachruf hinterlassen haben, daß ihm zufolge die ganze Welt offenbar ein Paradies sein müßte, und dennoch ist die Welt eben in dieser eurer Zeit zehnmal schlechter, als sie zu den Zeiten Noahs war!

19] Warum sagte denn David: „O Herr, wie gar nichts sind alle Menschen gegen Dich, und alle Menschenhilfe ist kein nütze!“? — David sagte das, weil er Mich kannte; ihr aber redet anders, weil ihr Mich nicht also kennet, wie Mich David gekannt hat!

20] Meinet ihr denn, Ich weiß nicht, was die Welt tut, und sei etwa zu lau, um die Welt für ihre Untaten zu züchtigen? Ich sage euch: Glaubet etwas anderes, und überlasset die Leitung der Welt Mir!

21] Wer das Schwert zieht, der kommt auch durch das Schwert um. Mit offener Gewalt wird nie jemand etwas ausrichten gegen die Welt; denn wo die Welt Gewalt sieht, da begegnet sie derselben wieder mit

Gewalt, und auf diese Weise würgt fortwährend ein Volk das andere.

22] Wer aber die Welt bekämpfen will, der muß sie mit heimlichen Waffen bekämpfen, und diese Waffen sind Meine Liebe und Mein Friede in euch! *Jeder aber muß zuerst mit diesen Waffen die eigene Welt in sich besiegen;* dann erst wird er eben diese Waffen allzeit siegreich gegen die Außenwelt gebrauchen können.

23] *Wahrlich, wer nicht innerlich ein Meister der Welt ist, der wird es äußerlich um so weniger werden!* Jeder aber, der in sich noch einen fluchähnlichen Feuereifer verspürt, der ist noch nicht fertig mit seiner eigenen Welt; denn dieser Eifer rührt noch von dem geheimen Zweikampf zwischen Meinem Frieden und der Welt im Menschen her.

24] Denn die Welt ist's, die da eifert und richtet und Feuer vom Himmel ruft, um sich dadurch listigerweise für Meine Sache zu maskieren; Mein Geist aber und Mein Friede eifert nicht, sondern wirkt mächtig im stillen nur und gänzlich unbemerkt von aller Welt und hat kein anderes Außenschild als die Werke der Liebe und in der Erscheinlichkeit die Demut. Wegen der wahren Liebe und Demut aber ist Meines Wissens seit Meinem Johannes noch nie jemand von der Welt gerichtet worden.

25] Sehet, darin also besteht der wahre innere Friede und darin auch derjenige mächtige Sieg über die Welt, den Ich Selbst erfochten habe! Beachtet demnach diese Erklärung, so werdet ihr die Welt in euch und jede andere allzeit und ewig besiegen durch Meinen Namen und durch Meinen Frieden! Amen.

36. KAPITEL

„Als Er das Buch zugerollt hatte, gab Er's dem Diener und setzte Sich. Und die Augen aller in der Synagoge waren auf Ihn gerichtet." (Lukas 4,20)

Am 26. Februar 1844 abends

1] „Als Er das Buch zugerollt hatte, gab Er's dem Diener und setzte Sich. Und die Augen aller in der Synagoge waren auf Ihn gerichtet."

2] Meine lieben Kinder! In diesem Texte wird bloß eine natürliche Aktion[1] dargestellt, die auf das frühere Werk des Vorlesens des Propheten Jesajas notwendigerweise folgen mußte. Da aber in jeder Tat des Herrn ein innerer und allerinnerster Grund liegt, so liegt auch in dieser höchst natürlich scheinenden Bewegung ein solcher Grund; und in diesem Grunde muß ebenfalls wieder ein untrügliches Kriterium[2] liegen, durch welches die volle Göttlichkeit Christi und somit auch aller Seiner Handlungen für alle Zeiten und für alle Ewigkeit beurkundet wird.

3] Daß solches richtig ist, wollen wir sogleich durch eine kleine Betrachtung und Vergleichung dieses Textes mit den darauffolgenden Zeitverhältnissen so klar als nur möglich vor jedermanns Augen führen. Und so höret denn!

4] Jesus las aus dem Propheten in einer Synagoge stehend vor. — Was bezeichnet dieses?

5] Die ‚Synagoge' ist die Welt. Der Herr, der da aus dem Propheten stehend vorliest, bezeichnet, daß Er allzeit wachend und alle Verhältnisse und Geheimnisse überschauend Sein Wort der Welt nicht enthüllt,

---

[1] Handlung; [2] Merkmal.

sondern *verhüllt* im naturmäßigen Sinne gibt. Denn der ‚Prophet' bezeichnet das Verborgene in dem Naturmäßigen; und der Herr aber zeigt, daß alles solches Verborgene nirgends anders enthüllt anzutreffen ist und auch nirgends anders erfüllt ist als nur in Ihm Selbst!

6] Als der Herr das Buch gelesen hatte, da rollte Er es zu und übergab es dem Diener; Er aber setzte Sich, und die Augen und Ohren aller waren auf Ihn gerichtet. — Was besagt wohl dieses?

7] „Der Herr rollt das Buch zusammen" bezeichnet, daß Er auch für die Nachwelt den geistigen Sinn des Wortes verschließt. „Dann übergibt Er das zusammengerollte Buch dem Diener der Synagoge", das besagt soviel: Er übergibt die verborgene Weisheit dem, der in ihrem Tempel, welcher für die Zukunft das Herz des Menschen ist, arbeitet.

8] Darauf setzt Sich der Herr zur Ruhe, und aller Augen und Ohren sind auf Ihn gerichtet. Dieser Akt ist vorbildend und entsprechend dem Zustande, welcher sich seit der Auffahrt bis zu dieser Zeit in der Welt bei den Menschen vorfindet, da der Herr auch für die Außenwelt ruht wie nach einer Arbeit.

9] Vieler Augen und Ohren sind auf Ihn gerichtet; aber Er schweigt und läßt Sich nicht erschauen wie in der Tätigkeit körperlich, sondern wie in Seinem Heiligtume langmütig ruhend, mit den Augen des Glaubens nur. Warum denn also? Weil die Menschen nur ihre Augen und Ohren, oder ihre Wißbegierde, nicht aber ihre Herzen nach Ihm richten.

10] Der Herr aber spricht dennoch ein wenig durch die Worte, da Er sagt: „Nun ist es vor euren Augen erfüllt, was der Prophet gesprochen." — Sehet, das ist soeben auch bei euch der Fall; denn nach der langen Ruhe ist Mein Geist auch über euch gekommen, da ihr Ihn gesucht habet, und enthüllt euch das zusammengerollte Buch, welches auch die Diener zu aller Zeit nur verhüllt in ihren Gemächern aufbewahrt hatten.

11] Diese Diener sind gleich demjenigen in naturmäßiger Bedeutung, dem das Buch zusammengerollt übergeben ward. Es sind darunter zu verstehen alle diejenigen, die ihr in was immer für einer Kirche mit dem Namen ‚Priester' bezeichnet. Diese Diener werden das Buch nicht enthüllt bekommen, solange sie Diener der Synagoge[1] sind.

12] Aber ein jeder Mensch, wenn er ein rechter Diener ist in der wahren, neuen Synagoge seines Herzens, bekommt auch zuerst das Buch zusammengerollt und nicht enthüllt. So er aber in diesem Tempel ein getreuer Diener ist und fegt und reinigt ihn und achtet die heilige Rolle, da kommt der Herr und setzt Sich in dieser Synagoge, und es wird Ruhe und Friede werden in dieser Synagoge. Und wenn allda aus allen Teilen des Herzens Aug' und Ohr auf den Herrn gerichtet wird, da auch wird Er sagen: „Nun ist der Geist des Herrn über dir, und es ist enthüllt und erfüllt die heilige Rolle in deiner lebendigen Synagoge!"

13] Sehet, das ist der überklare Sinn dieses ganz unscheinbaren Textes!

14] Ich sage euch: Es mag jemand trachten und forschen, wie er will, um zu enthüllen diese Rolle; er mag alle Menschen, alle Geister und Engel fragen, so wird er aber dennoch nichts erreichen, — denn Ich allein bin die Tür!

15] Was nützt es dem Menschen, so er sich fragt:

[1] der Welt.

„Habe ich ein ewiges Leben in mir?" und darauf die Antwort erhält: „Das ewige Leben ist mir ein Rätsel, ein Zweifel; nichts habe ich davon in mir als die Begierde nach demselben!"

16] Frage: Wem kann wohl dieser Trost genügen? Ist er nicht gleichbedeutend mit jenem Philosophem[1], mit dem sich der Weltweise also tröstet: „Gibt es ein Fortbestehen meines denkenden Ichs, so gewinne ich, — und gibt es kein Fortbestehen, so gewinne ich auch; denn für das Nichtsein ist das Plus und Minus eine gleiche Größe."

17] Ich aber frage wieder: Wem wohl kann solch ein Trost genügen, der den Wert des Lebens kennt? Kann's dem Lebendigen gleichgültig sein, ob er ist oder nicht ist? Wie aber kann überhaupt ein Mensch, der da ist, das Nichtdasein rühmen, da er ja doch unmöglich wissen kann, wie der Zustand des Nichtseins irgend beschaffen ist?!

18] Ein jeder aber kann aus dem leicht ersehen, wie blind ein solcher Forscher sein muß, wenn er in der Mitte eines unendlichen Seins, in dem kein Nichtsein stattfinden kann, sich am Ende mit einem gänzlich unmöglichen Nichtsein vertrösten kann.

19] Meinet ihr, in Meinem unendlichen Sein ist irgend eine Vernichtung möglich — oder irgend ein Platz, in dem das Nichts zu Hause wäre?

20] Schon die naturmäßige Welt zeigt, so weit in die Tiefen Meiner Schöpfung euer Auge reicht, euch den schroffsten Gegensatz von irgendeinem Nichtsplätzchen; denn da erblicket ihr entweder Weltkörper oder den großen freien Raum, aber erfüllt mit Lichtäther

---

[1] philosophische Lehre.

und mit kreuz und quer waltenden Kräften aus Mir! Frage: Ist das nichts?

21] Ich brauche diesen Satz nicht weiter auszudehnen, um zu zeigen die Torheit eines solchen Satzes. Aber für jeden will Ich sogleich hinzusetzen die echte Prüfung, wie er erforschen kann, ob irgend ein Nichts vorhanden ist, und sage:

22] Durchfliege mit deinen Gedanken die Räume der Unendlichkeit! Wo du einen Raum finden wirst, dahinein dein Gedanke nicht zu dringen vermag, da magst du das Nichts suchen. Daß dir aber solche Arbeit ewig und unmöglich je gelingen wird, dessen kannst du völlig versichert sein! *Denn wo der Gedanke hinreicht, da ist Sein;* wo aber wird es sein, wo der Gedanke nicht hinreicht? Ich kenne dieses Wo nicht, und so wird es ein Weltweiser sicher noch weniger kennen.

23] Haltet euch daher nicht ans eitle Forschen und törichte Erfahren; denn das wird euch nie Früchte bringen! Machet euch den Weg nicht vergeblich schwer, der so leicht ist, sondern ein jeglicher komme zu Mir, und er wird allda alles in der Fülle antreffen, was er auf sonstigen Wegen in Ewigkeit nicht erreichen wird; denn Ich allein bin die Tür allzeit wie ewig! Amen.

37. KAPITEL

„Aber Ich kenne euch; die Liebe Gottes habt ihr nicht in euch!" (Johannes 5,42)

Am 27. Februar 1844 abends

1] „Aber Ich kenne euch; die Liebe Gottes habt ihr nicht in euch!" — Dieser Vers paßt genau, wie gemessen auf den Schluß des Nachtrages.

2] Solches aber habe Ich zu den Juden geredet; denn in ihnen war der tote Buchstabe des Gesetzes. Das Werk der Zeremonie, das Werk des Scheines galt ihnen mehr als der Lebendige Selbst, der solches zu ihnen geredet hatte.

3] Darum aber waren sie auch mit Blindheit geschlagen und sahen in Dem, der ewig lebendig ist, nichts als einen gewöhnlichen, ganz ordinären Menschen und wunderten sich höchstens über eine auffallende Wundertat, manchmal auch über ein weises Wort, wenn sie gerade zugegen waren, da solches geschah oder gesprochen ward; und waren sie nicht zugegen, so glaubten sie es nicht, daß Ich dieses oder jenes gewirkt oder gesprochen hätte, und suchten auf alle mögliche Weise die Sache zu verdächtigen. Wo sie mit der Vernaturalisierung oder auch mit der gänzlichen Wegleugnung nicht auslangten, da mußte Ich ein Besessener sein und durch die Macht des Teufels wirken.

4] Warum aber erkannten sie den Herrn des Lebens nicht, indem es doch der Wille und die Absicht des Herrn war, daß sie Ihn hätten erkennen sollen? Der Grund liegt im Texte, der da spricht: „Und die Liebe ist nicht in euch!"

5] Warum kann man denn ohne die Liebe den

Herrn nicht erkennen? Das kann man ohne die Liebe aus demselben Grunde nicht, aus welchem ein Blinder nicht sehen kann, was ihn umgibt, und ein Tauber nicht hören kann die Stimme seines Freundes.

6] Denn die Liebe ist das Leben; das Leben aber kann ganz allein für sich nur sehen und hören, denn der Tod vermag solches nicht. Also konnten denn auch die Juden den Herrn des Lebens unter sich nicht erkennen, weil sie kein Leben der Liebe in sich hatten, welches Leben da ist ein freies Leben aus Gott, während alles andere Leben nur ein gerichtetes ist, welches aber ist im Gegensatze des wahren Liebelebens der barste Tod.

7] Denn wer kein Liebeleben hat, der ist nichts als eine eitle Maschine, die lediglich von den Welttrieben in Bewegung gesetzt wird, und sein Schauen, Hören und Empfinden ist eitel mechanisch und kann sich nie über die gerichtete Sphäre der gerichteten Beschränkung erheben. Nur das wahre Liebeleben ist ein selbständig freies und kann darum aus sich heraus alle Schranken zertrümmern und sich zu Dem emporschwingen, Der sein inwendigster Grund ist.

8] Niemand kann in seiner natürlichen Sphäre etwas erschauen, was er nicht ehedem in sich hat; *wie könnte aber jemand Mein Wesen erschauen und erkennen, wenn er nichts davon in seinem Herzen birgt?*

9] Daher sage Ich zu euch: Lasset alles fahren, — *allein die Liebe behaltet,* so werdet ihr erkennen, was die Juden nicht erkannt haben, und erschauen, dafür ihre Augen keinen Schein hatten.

10] Es gibt jetzt ebenfalls gar viele in der Welt, in denen die Liebe nicht ist. Daher aber halten sie auch den Schatten, der nichts ist, für Wirklichkeit; Mich aber, der Ich unter ihnen allzeit bin und wandle, erschauen und erkennen sie nicht, weil sie keine Liebe haben.

11] Also gibt es auch unter euch welche, die da suchen, wo nichts zu finden ist; wo es aber lebendig vor ihnen einhergeht und leuchtet, mögen sie nicht erschauen und erkennen.

12] Diese wägen noch immer die Diamanten zugleich mit den Kieseln in *einer* Waagschale. Wozu aber des Kiesels Gewicht neben dem Diamanten? Warum den Mist aus der Ferne anstaunen und vor dem Gold im eigenen Hause gleichgültig vorüberziehen?

13] Es ist nicht genug, daß man den Goldwert kennt, — sondern man muß das Gold auch vor dem Miste, wenn er auch aus der Ferne kommt, lebendig zu würdigen verstehen. Das kann nur der, der die Liebe hat vollkommen; wer aber zwischen dieser hin und her schweift, der kann das noch nicht und wird es auch noch lange nicht können. Darum aber wird es ihm auch gehen wie den Juden, die den Herrn auch von einem ganz gewöhnlichen Menschen nicht zu unterscheiden vermochten.

14] Ich sage euch daher und erinnere euch, daß Ich euch viel gegeben habe; aber nur der wird es als eine reine Gabe von Mir erkennen, der die Liebe in sich hat.

15] Wer da rechnet in der Liebe und zählt, was er tut und gibt, dem will Ich desgleichen tun, und der Rechner wird nicht frei und der Zähler nicht ledig werden so lange vor Mir, bis er das Rechnen und Zählen von sich verbannen wird. Also aber muß die Liebe frei sein und muß sich in ihrer inneren Tätigkeit nicht zuvor Rates im Kopfe holen.

16] Den weisen Spender will Ich mit Weisheit belohnen; dem freien Liebespender aber werde Ich Selbst zum Lohn! Jeder aber, der nicht aus der freien Liebe tätig wird, wird das Angesicht des Herrn nicht eher erschauen, als bis er tätig wird aus der freien Liebe!

17] Das sage Ich, der ewig Getreue, der Wahrhaftige, der Erste und der Letzte, als Vater in aller Liebe zur vollkommenen Beachtung zu euch! Amen.

INHALT

WEITERE WERKE AUS DEM LORBER-VERLAG

DIE GEISTIGE SONNE

Mitteilungen über die geistigen Lebensverhältnisse des Jenseits. Zwei Bände

Dieses große Lehrwerk von den Zuständen des Jenseits führt uns gleichsam in zehn Geistersphären, das heißt, wir treten in das innere Blickfeld von zehn verschiedenen Geistwesen, die einst irdisch verkörpert waren. Ihre hohe und höchste Erkenntnis hat durch den Grad ihrer Liebe zum himmlischen Vater die verwandte, jedoch eigengeprägte Art ihrer seelischen Welten gestaltet. Mit dem Eintritt des Lesers in die Sphären dieser zehn Geister — darunter sich die Apostel Petrus, Markus und Paulus, der Prophet Daniel, der Seher Swedenborg und zuletzt Johannes, als der Inbegriff errungener Liebeweisheit, befinden — erschließt sich ihm ein geistiges Bild von überwältigender Größe und Weite.

In sich stets steigernden Bildern und Szenen, die zugleich eine einmalige Schule der wichtigen Entsprechungslehre bilden, erhalten wir Einblicke in die Geheimnisse der Naturschöpfung von der Erde bis zu den Zentralsonnen.

Darüber hinaus eröffnen sich aus der Sphäre dieser erleuchteten Geister Zusammenhänge zwischen den sichtbaren Welten des Universums und den unsichtbaren des geistigen Alls, die geeignet sind, das zu enge gewordene Weltbild von heute grundlegend umzuformen und zu einer überzeugenden Klarheit zu führen.

Hier reichen sich wahre Religion *und* Wissenschaft die Hand zu einem neuen Bund des schauenden Erkennens, und der Menschengeist beginnt etwas zu ahnen von der grenzenlosen Liebe, Weisheit und Allmacht des Schöpfers, welcher auf millionenfachen Wegen alles erdhaft Gebundene in die wahre Freiheit des Geistes zurückführt.

Einige Kapitel des zweiten Bandes schildern das Leben der frühverstorbenen Kinder im Jenseits. Sie enthüllen uns ein wundersames Bild barmherziger Fürsorge, welche die jungen, im geistigen Reich ankommenden Kleinkinderseelen umfängt und in einer langen, von tiefster Weisheit gelenkten Erziehungsschule zu ihrer Vollendung heranreift.

Zwei Bände mit je ca. 530 Seiten, Leinen

DIE JUGEND JESU

Bei diesem Werk handelt es sich um das durch Jakob Lorber wiederempfangene Jakobus-Evangelium.
Die Schilderung der Geburt und Kindheit Jesu ist von so inniger, erhebender Schönheit und Macht, daß wohl kein Herz den göttlichen Ursprung und die Wahrheit dieses kostbaren Schriftwerkes verkennen kann.
Mit den Bruchstücken der alten Überlieferung in der Berlenburger Bibel ist — bei Berücksichtigung der diesem Text widerfahrenen Veränderungen und Entstellungen — eine starke, teilweise wörtliche Übereinstimmung festzustellen.
Und so beweist der Inhalt, daß uns in dieser Jugendgeschichte Jesu durch Lorber tatsächlich eine alte christliche Urkunde von unschätzbarem Wert neu gegeben ist.

430 Seiten, Leinen

DIE DREI TAGE IM TEMPEL

Diese einzigartige Schrift gibt einen genauen Tatsachenbericht der Vorgänge im Tempel, als der zwölfjährige Jesusknabe drei Tage lag unter den Lehrern und Ältesten weilte und mit ihnen tiefweise Gespräche führte, worüber bei Lukas 2, 47 nur knapp berichtet ist: „Und alle, die ihm zuhörten, wunderten sich seines Verstandes und seiner Antworten.“

160 Seiten, broschiert